westermann

Jutta von Ochsenstein-Nick

Herausgeber: Wassilios E. Fthenakis

Kleine Naturspielkinder

Sinn und Praxis der Naturpädagogik in den ersten drei Lebensjahren

1. Auflage

Bestellnummer 12766

Die in diesem Produkt gemachten Angaben zu Unternehmen (Namen, Internet- und E-Mail-Adressen, Handelsregistereintragungen, Bankverbindungen, Steuer-, Telefon- und Faxnummern und alle weiteren Angaben) sind i. d. R. fiktiv, d. h., sie stehen in keinem Zusammenhang mit einem real existierenden Unternehmen in der dargestellten oder einer ähnlichen Form. Dies gilt auch für alle Kunden, Lieferanten und sonstigen Geschäftspartner der Unternehmen wie z. B. Kreditinstitute, Versicherungsunternehmen und andere Dienstleistungsunternehmen. Ausschließlich zum Zwecke der Authentizität werden die Namen real existierender Unternehmen und z. B. im Fall von Kreditinstituten auch deren IBANs und BICs verwendet.

westermann GRUPPE

Druck und Bindung: Westermann Druck GmbH, Georg-Westermann-Allee 66, 38104 Braunschweig

ISBN 978-3-427-**12766**-6

INHALT

INHALT

INHALT

INHALT

INHALT

Einleitung

Regelmäßige Naturerfahrungen unterstützen die kindliche Entwicklung in allen Bereichen: Reifung der Sinne, auch des Gleichgewichtssinns, Bewegungssicherheit, Spracherwerb, soziale und kognitive Kompetenzen, Selbstvertrauen, Fantasie als wesentlicher Teil unserer Intelligenz, seelische und körperliche Gesundheit. Wir wissen aus eigenen Erfahrungen, dass Draußen-Aktivitäten rundum guttun, und dies wird inzwischen von zahlreichen wissenschaftlichen Forschungen bestätigt.

Auch die kleinen ein- bis dreijährigen Kinder sind in der Natur bestens aufgehoben, wenn wir ihre Bedürfnisse beachten und Plätze, Ablauf und Gruppen altersgemäß auswählen.

In meiner langjährigen Arbeit mit Naturkindergruppen und als Dozentin für Kleinkindpädagogik durfte ich sehen, wie verschiedenste Kinder in der Natur zu sich finden, quirlige als auch in sich zurückgezogene Kinder, Störenfriede, medien- oder programmgewöhnte Kinder und solche, die sich kaum selbstständig beschäftigen. Sie spielen versunken mit Erde, Wasser, Steinen und Stöcken – den Ur-Spielmaterialien – laufen Wurzelwege entlang, klettern über Baumstämme, kommen am fließenden Bach zur Ruhe, beobachten aufmerksam einen Frosch, bauen Türme und freuen sich über rollende Erdkugeln.

Direkte Naturerfahrungen regen Eigeninitiative und Gestaltungslust an und helfen den Kindern, ihre Potenziale zu entfalten. Zudem entwickeln Naturspielkinder ein Gefühl für das Sinngefüge der natürlichen Lebensgrundlagen. Daraus kann eine nachhaltige Wertschätzung im Sinne eines Umweltbewusstseins erwachsen.

Dennoch zögern einige pädagogische Fachkräfte und Eltern, mit den Kleinsten regelmäßig rauszugehen. Sie fragen sich, wie die Kinder vor Gefahren in der Natur geschützt werden können, und ob sie draußen nicht überfordert sind.

Die Erfahrungen mit Naturpädagogik zeigen, dass Sicherheit und altersgerechte Gestaltungsformen draußen in der Natur sehr gut verwirklicht werden können. Voraussetzung ist, dass wir genau auf die spezifischen Entwicklungsthemen, Bedürfnisse und Kompetenzen der Kleinen eingehen. Dazu gehören vor allem folgende Besonderheiten:

- Die Kleinsten haben ein starkes emotionales Sicherheitsbedürfnis.
- Die Körperpflege braucht weitgehend unsere Unterstützung, z. B. beim Wickeln, An- und Ausziehen und Essen.
- Sie sind im Allgemeinen eher kälteempfindlich und schnell müde.
- Sie lernen weitgehend anhand eigener Körper- und Sinneserfahrungen, wobei die Nachahmung sichtbarer Vorbilder wesentlich ist.
- Sie spielen auf sich bezogen und das gemeinsame Spiel beginnt erst.
- Ihr sprachliches Verständnis ist konkret sinnesbezogen, weniger abstrakt.
- Sie können kaum zeitliche Abstände einschätzen, Warten fällt schwer.
- Das Fantasie-Spiel beginnt erst im 3. Lebensjahr, sich zu entwickeln.
- Der Bewegungsradius und die körperliche Ausdauer sowie das handwerkliche Geschick sind geringer als bei älteren Kindern.

Eine in diesem Sinne verantwortungsvolle Naturpädagogik wird in Zukunft an Bedeutung gewinnen. Pädagogische, medizinische und psychologische Fachkreise erkennen zunehmend die Notwendigkeit von Naturspielräumen:

„Natur ist für Kinder so essenziell wie gute Ernährung. Sie ist ihr angestammter Entwicklungsraum.“

(Renz-Polster/Hüther, 2013, S. 9)

Vor dem Hintergrund meiner jahrzehntelangen Berufserfahrung möchte ich dazu ermutigen, auch mit den Kleinsten wertvolle Zeit draußen in der Natur zu verbringen, und Sicherheit vermitteln für eine begeisterte und kompetente Begleitung. Hierbei umfasst die Zielgruppe pädagogische Fachkräfte wie Erzieherinnen, Tageseltern, Leiterinnen von Spielgruppen und Dozentinnen für Naturpädagogik sowie interessierte Eltern.

Ich beschreibe die spezifischen Aufgaben für Erwachsene in der Begleitung der Kleinsten draußen in der Natur. Dem freien, selbstbestimmten Spiel wird genauso Bedeutung beigemessen wie angeleiteten Spielen und Werkstätten. Ein Abschnitt behandelt den Spracherwerb im Naturerleben. Ergänzt wird das Buch durch praktische Tipps zur Sicherheit, Hygiene, Ernährung und Kleidung draußen, zur Auswahl geeigneter Plätze, Tagesabläufe, Gestaltungselemente und zu einer altersgemäßen Naturkunde.

„Wenn Kinder die Gelegenheit bekommen, im Freien, in der Natur zu spielen, passiert häufig etwas Fantastisches: Sie wirken verändert.“

(Klöden, 2018, S. 1)

1 Naturpädagogik für Kleinstkinder

1.1 Aufgaben der Erwachsenen

ACHTSAME PRAXIS

Unsere Aufgaben in der Begleitung kleiner Kinder:

- Erfüllung ihrer körperlichen und seelisch-geistigen Grundbedürfnisse
- Gestaltung einer sicheren und zu Aktivität einladenden Umgebung
- Vorbild sein für die kindliche Nachahmung.

1.1.1 Spannungsfeld zwischen Sicherheit und Selbstständigkeit

Ein seelisch-geistiges Grundbedürfnis ist emotionale Sicherheit, ein anderes ist das Autonomiebedürfnis. Zwischen beiden Polen bewegen sich die Kleinen ständig hin und her. Für beide brauchen sie unser Verständnis und Möglichkeiten des Erlebens.

Kleinen Kindern ist es wichtig, die verlässliche Nähe des Erwachsenen zu spüren. Das erfüllen wir durch liebevolle Blicke, Berührungen, Versprachlichung dessen, was wir sehen, und durch die Ankündigung unserer Handlungen. Die Botschaft ist: „Ich nehme dich wahr.“ Und: „Ich bin da, wenn du mich brauchst.“

Sich unsicher fühlende Kinder haben es schwer, zu spielen und sich zu bewegen. Sie vermeiden neue Erfahrungen und gehen kaum an ihre Grenze, das heißt, sie sind in ihrer Entwicklung gebremst.

Gerade für kleine Kinder gibt es viele Anlässe der Verunsicherung, manchmal ist es für Erwachsene kaum nachvollziehbar. Unsichere Beziehungen können Kinder verängstigen, zum Beispiel in der Eingewöhnung, bei Geburt eines Geschwisterkindes, Krankheit eines Angehörigen oder häufigem Wechsel der Bezugspersonen. Verunsichern können auch zu viel Programm und zu wenig Ruhe, Einbrüche in den gewohnten Rhythmus – Reisen, große Feiern u. a. –, Veränderungen in den sonst verlässlichen Ritualen, zu viele und zu wenige oder unklare Regeln.

ACHTSAME PRAXIS

Fünf Sicherheits-Säulen der Kindheit – die „5R“:
RÜCKBINDUNG – feste Bezugspersonen für eine liebevolle und regelmäßige Versorgung
RUHE – um die Vielfalt der Erfahrungen verarbeiten und einordnen zu können
RHYTHMUS – verlässliche Strukturen im Tagesablauf, in der Woche, im Jahr
RITUALE – sich wiederholende, einladende Signale mit Musik, Gesten, Figuren u. Ä.
REGELN – wenige und klare, für die Orientierung im Erforschen der Welt

Auch das Streben nach Selbstständigkeit braucht achtsame Unterstützung mit den Fragen: Was braucht das Kind gerade? Was kann es selbstständig erreichen? Wann braucht es unsere Hilfe? Entscheiden wir uns einzugreifen, gehen wir zu den Kindern hin, blicken sie an, nennen ihre Namen, berühren sie vielleicht am Oberarm. Wir sprechen zu ihnen mit wenigen, klaren Worten.

Bei abenteuerlichen Kletterversuchen können wir zum Beispiel das Kind ansprechen: „Du bist hochgeklettert. Da oben ist es wackelig für dich. Du hältst dich mit beiden Händen fest. Ich bin da und helfe dir, wenn du mich brauchst.“

Zu streitenden Kindern sagen wir in neutral beschreibender Weise: „Anna möchte den Stock haben – und Paul möchte den Stock auch haben.“ Das reicht manchmal schon und kann die Situation entspannen, weil sich beide Kinder wahrgenommen fühlen. Wir warten ab, ob den Kindern eine Lösung einfällt. Falls nicht, machen wir verschiedene Vorschläge: „Wollt Ihr zusammen mit dem Stock spielen?“ oder „Ich sehe noch mehr Stöcke!“ oder „Wer hilft mir, viele Stöcke zu sammeln?“ oder, wenn es nicht anders geht, „Der Stock ist müde vom Streiten, er ruht sich jetzt oben auf dem Baum aus und ihr spielt etwas anderes.“

Wichtig ist, dass wir innerlich wirklich da sind. Und dass wir uns zurückhalten mit Wertungen. Kinder brauchen in schwierigen Situationen Raum, sich selbst zu spüren und zu experimentieren, das heißt auch, Fehler zu machen. Wenn wir uns zu oft und zu schnell einmischen, nehmen wir Kindern die Möglichkeit wichtiger Lebens- und Lernerfahrungen.

Falls wir Hilfestellung geben, sollten die Kinder dabei selbst weitgehend aktiv sein. Wir heben sie also nicht auf einen liegenden Baumstamm, sondern wir bieten ihnen unsere Hand oder unser Knie an, damit sie selbst hinaufklettern können. Auch wenn uns ein Kind auffordert mitzuspielen, sollte es das Spiel aktiv bestimmen können.

Im Fall von gefährlichem, entwürdigendem oder sehr störendem Verhalten greifen wir sofort ein. Beispiele dafür sind Beißen, Schlagen, halsbrecherische Kletteraktionen, Zerstörung von Gegenständen, Krach in Ruhemomenten. Auch wenn ein Kind über längere Zeit in einer Rolle festgefahren ist und dabei vielleicht sogar unglücklich ist, geben wir ihm Impulse für andere Verhaltensweisen.

Ein Eingriff ins kindliche Verhalten sollte deutliche Signale an das Kind geben. Oft sind es Stresssituationen, in denen der Verstand eingeschränkt arbeitet. Dann sind eine klare Körpersprache und einfache Sätze notwendig.

Beispiele:

Wir sagen „Stopp!“ und halten die Hand fest, die an den Haaren zieht. Oder halten uns selbst den Mund zu, wenn das Kind beißen will. Damit tun wir vorbildhaft das, was das Kind noch nicht selbst schafft (Impulskontrolle). Und wir sagen dem

Kind in positiven Ansagen, was es tun soll: „Hände weg! Mund zu! Bleib stehen!“ Das Wort „nicht“ überhören Kinder meistens.

Auch Lob, Ansporn oder Hilfsangebote können ein Kind in seinem selbstständigen Tun stören. Warten wir auf den suchenden Blick des Kindes und unterbrechen wir es nicht mit wohlmeinenden Worten, solange es konzentriert spielt, klettert, zuschaut.

Unsere Erwartungen und Befürchtungen stehen oft einem freien Blick für das Kind im Weg. Wenn wir unsere Reaktionen achtsam wahrnehmen, nehmen wir auch das Eigene des Kindes klarer wahr. Es hat vielleicht andere Interessen, als wir denken, andere Bedürfnisse, als es gerade im Programm vorgesehen ist, überraschende Fähigkeiten oder es erlebt gerade Verunsicherungen, die es in seiner Entwicklung zurückwerfen.

In der Begleitung der Kleinen ist Selbstwahrnehmung wichtig: Spüre ich meine Angst oder die Angst des Kindes, wenn wir über den wackeligen Steg gehen? Woher kommt mein Ekelgefühl, wenn die schleimige Schnecke über die Hand kriecht? Warum bin ich ungeduldig, wenn das Kind konzentriert mit dem Stock in der Pfütze spielt? Ist es wirklich ungesund, Fichtenzapfen in den Mund zu nehmen? Warum erwarte ich von einem Kind, dass es wie alle anderen Kinder spielt? Kann ich die Freude nachempfinden, wenn es laut schreiend durch den Wald rennt?

ACHTSAME PRAXIS

Eine hilfreiche Achtsamkeitsübung ist es, uns selbst dabei zu beobachten, wenn wir den Impuls spüren, in das Verhalten von Kindern einzugreifen:
Was bewegt mich dazu, eingreifen zu wollen? Kann ich noch einen Moment abwarten und genau wahrnehmen, was gerade geschieht? Ist es ein automatisches Eingreifen oder habe ich mich bewusst dafür entschieden? Wie will ich eingreifen? Kann ich das langsamer und bewusster tun als gewohnt?

1.1.2 Einige Gedanken zum „Kaputtmachen"

Kleine Kinder nehmen oft Tiere und Pflanzen in die Hände und beschädigen sie. Auch wenn wir dieses Tun wiederholt verbieten, überkommt der Drang die Kleinen immer wieder, eine Ameise mit dem Finger fest zu drücken, auf eine Schnecke zu treten oder Blätter abzuzupfen.

Es gibt dafür verschiedene Gründe:
1. Nachahmung von Vorbildern
2. Forscherdrang und Selbstwirksamkeit
3. Emotionale Bedürftigkeit

Nachahmen von Vorbildern

Kinder erleben Erwachsene, die mit einer Fliegenklatsche Fliegen zerschlagen, Ameisen oder Spinnen zertreten, Gartenschnecken mit der Schere zerschneiden u. Ä. Das nehmen die Kinder als Vorbild, ob wir es wollen oder nicht. Das sichtbare Handeln ist für die Kleinen eindrücklicher als Verbote und erklärende Worte.

Bevor kleine Kinder „ich" zu sich sagen und damit ein Ich und ein Du bewusst unterscheiden, können sie selbst kaum einschätzen, wie ein Lebewesen leidet, wenn sie es grob behandeln.

Als Vorbilder sollten wir den Kindern das vorleben, was wir von ihnen erwarten: Zum Beispiel mit den Kindern zusammen eine Spinne im Glas fangen und im Garten freilassen, Schnecken aus Beeten sammeln und im Schraubglas auf eine große Wiese bringen, mit einem Handtuch wedelnd eine Fliege aus dem Fenster jagen.

Auch in der Natur wirkt unser respektvoller Umgang mit Pflanzen und Tieren nachhaltig:

* Wir heben eine Schnecke behutsam auf und setzen sie wieder zurück an ihren Platz, mit liebevollen Worten: „Jetzt möchte die Schnecke wieder in Ruhe Blättchen essen.“ Oder: „Danke, lieber Regenwurm, dass wir dich auf der Hand beobachten durften!“
* Wenn wir Blüten sammeln, lassen wir einige stehen für die Insekten. Wir danken dem Haselstrauch, dass er uns Äste zum Schnitzen schenkt.
* Im Garten pflanzen wir Essbares oder halten Tiere und lernen sie kennen und schätzen. Welch ein Festessen mit eigenen Beeren, Äpfeln, Kräutern oder Hühnereiern!
* Wir machen uns selbst immer wieder klar, z. B. durch Naturkunde, dass die Natur ein Sinngefüge ist, in dem jedes Lebewesen seine Aufgaben für das Ganze hat.

Forscherdrang und Selbstwirksamkeit

Unsere Verbote treten in den Hintergrund, wenn der kindliche Forscherdrang groß ist. Meistens sind wir froh, wenn ein Kind neugierig und aktiv die Welt untersucht. Das gehört zu einer gesunden Entwicklung dazu. Selbstwirksamkeit ist eine wichtige Erfahrung. Genau das erleben Kinder, wenn sie auf eine Ameise drücken und diese liegen bleibt: Ist das bei der zweiten auch so? Und bei der dritten? ... Und was geschieht, wenn ich auf eine Schnecke trete oder sie in den Mund stecke? Schaffe ich es, das Blatt abzureißen und das nächste auch?

Wenn wir Kindern etwas verbieten wollen, sollten wir mit deutlicher Körpersprache zeigen, was sie tun sollen, einfach klare Sätze sagen (ohne „nicht"!) und ihnen geduldig Zeit lassen. Manchmal ist es gut, einem Regenwurm „Tschüss" zuzuwinken und weiterzugehen oder einen Stock als Stopp-Signal vor einen Ameisenhaufen zu legen, damit die Kinder sich etwas anderem zuwenden.

Auf jeden Fall brauchen sie genügend Möglichkeiten, zu forschen und ihre Wirksamkeit auszuprobieren, auch mit heftigem Körpereinsatz. In manchen Phasen ist das Bedürfnis stärker als wir denken.

Emotionale Bedürftigkeit

Erleben Kinder öfter, dass ihr Fehlverhalten starke Emotionen auslöst, kann sie das einladen, gerade das Verbotene zu tun. Wir sind sehr präsent und emotional beim Kind, wenn wir mit ihm schimpfen. Manche Kinder brauchen das, vielleicht, weil sie zu wenig sanfte oder bestätigende Zuwendung bekommen.

Außerdem bauen Kinder durch heftige Körperbewegungen innere Spannungen ab, auch durch Treten, festes Zupacken und Zerreißen von Pflanzen. Hier stellt sich die Frage, woher diese innere Anspannung kommt. Ist das Kind in irgendeinem Bereich überfordert – sozial, emotional oder intellektuell? Wie können wir Abhilfe schaffen?

1.1.3 Sterben in der Natur

Kinder wissen bzw. spüren, dass Sterben zum Leben gehört. Sie sehen, dass Blumen vertrocknen, Amseln Regenwürmer fressen, auf der Straße ein überfahrener Igel liegt. Kinder in den ersten drei Lebensjahren verbinden mit Tod meistens Unbeweglichkeit und momentane Abwesenheit. Tod als etwas Endgültiges können sie noch nicht erfassen, da ihnen das Zeitverständnis fehlt. Auch überfordert sie der Gedanke, dass alle mal sterben müssen.

Die Reaktionen der Kinder sind individuell. Oft gehen sie unerschrocken mit toten Tieren um, wollen sie anfassen oder untersuchen sie mit einem Stock. Manche Kinder sind traurig, manche unbekümmert. Von uns lernen sie, wie wir über Sterben und Tod sprechen, und wie wir emotional damit umgehen können.

Wichtig ist das offene Gespräch, gerade wenn im Umkreis des Kindes jemand stirbt oder wenn wir im Wald tote Tiere finden. Wir sollten als Erwachsene eine klare Haltung haben oder Unklarheit bewusst benennen. Das hilft den Kleinen, sich zu orientieren. Wir können Fragen auch an die Kinder zurückgeben, sodass sie eigene Gedanken und Bilder zum Thema finden können.

Wir sollten auf jeden Fall versuchen zu erspüren, was die Frage für das Kind bedeutet und was es jetzt braucht. Mit aktivem Zuhören können wir uns in die innere Gefühlswelt des jeweiligen Kindes hineinversetzen und ihm seine Gefühle mit unseren Worten spiegeln.

Mit einer bewussten Sprache vermeiden wir Missverständnisse. Der Ausdruck „sterbenskrank“ zum Beispiel kann Kindern ein falsches Bild von Krankheit vermitteln. Für tot das Wort „eingeschlafen“ zu benutzen, kann Kindern das Einschlafen schwer machen.

Wenn wir ein totes Tier finden, nehmen mit einem kleinen Ritual Abschied. Zum Beispiel tragen wir einen toten Vogel mit großen Blättern in eine Kuhle, schmücken die Stelle mit Blumen und Steinen, singen ein Lied. Wir können den Kindern erklären, dass sich Ameisen, Käfer und Schnecken weiter um die Toten kümmern. Bei größeren Säugetieren informieren wir den Förster und erzählen den Kindern davon.

Konkrete Naturerfahrungen vermitteln den Kleinen nachhaltige Bilder für spätere Sinnfragen:

* Ein Löwenzahn wird zu einer Pusteblume. Bevor er abstirbt, verweht er seinen Samen und schenkt neues Leben. Ohne Sterben gibt es kein neues Leben.
* Blätter wachsen, werden bunt, fallen ab, neues Wachstum folgt.
* Ein Samenkorn muss erst in der Erde absterben, damit es eine Frucht bringt.
* Die Raupe verändert sich zu einer Puppe, und schließlich schlüpft ein Schmetterling, der leere Kokon bleibt zurück.

1.2 Verschiedene naturpädagogische Formen und Einrichtungen

Der Aufenthalt in der Natur kann sehr verschiedene Formen haben. Wesentlich ist, dass die Kinder Zeit haben, in der natürlichen Umgebung anzukommen und diese kennenzulernen. Vertraute Lieblingsplätze draußen gehören zu den Schätzen der Kindheit. Die Kleinen sollten sich außerdem sicher begleitet fühlen und Plätze und Aktivitäten altersgemäß ausgewählt sein. Das freie Spielen und Bewegen steht bei den Kleinen im Mittelpunkt. Für einen geeigneten Rahmen und für zusätzliche Angebote finden sich in den entsprechenden Kapiteln reichliche Praxisideen.

Oft ist der Weg in die Natur beschwerlich und weit. Dann können die Eltern ihre Kinder direkt zu einem naturnahen Parkplatz bringen oder die Kinder werden mit Wagen gefahren, z. B. mit Leiterwagen oder schiebbaren oder motorbetriebenen Krippenwagen, in denen bis zu sechs Kleinstkinder sicher untergebracht werden können, bei Bedarf auch in einer Kinderschale. Unter „https://www.tagesmutter.com/krippenwagen-test-vergleich" gibt es eine Liste mit Testergebnissen solcher Wagen.

1.2.1 Ausflüge in die Natur

Ausflüge sind eine gute Gelegenheit, sich mit der Natur vertraut zu machen und Erfahrungen zu sammeln.

Auch ein ganz kleines Kind sollte sich dabei frei bewegen dürfen – und nicht nur im Wagen durch den Wald geschoben werden. Mit entsprechender Kleidung und vielleicht einer Decke ist das unbeschwert möglich. Je sicherer das Kleine sich mit den anderen Menschen fühlt und je mehr es die Freude der anderen erlebt, umso eher kommt es selbst ins Spielen.

1.2.2 Eltern-Kind-Spielgruppen

Die meisten Spielgruppen nehmen Kinder auf, wenn sie selbstständig laufen können, also ab eineinhalb oder zwei Jahren. In diesem Alter verstehen sie auch weitgehend unsere Sprache, erforschen nicht mehr alles mit dem Mund, können in der Weite gut sehen und beginnen allmählich das gemeinsame Spielen.

Manche Eltern nehmen ein kleineres Geschwisterkind mit – in einer Trage und auf einer Decke. Durch die Begleitung eines Elternteils sind die Kleinsten in der Natur bestens versorgt. Sie entspannen unter wiegenden Blättern, riechen die würzige Luft, rollen, robben und krabbeln über Moos oder Sand, untersuchen Steine und Stöcke und staunen über einen Käfer, der schneller krabbelt als sie.

Eine Spielgruppe draußen sollte auf zwei oder drei Stunden begrenzt sein und in dieser Zeit eine Mahlzeit als Ruhepause und Kräftigung vorsehen. Die Kleinen werden schnell müde und deshalb unfallgefährdet.

In einer Eltern-Kind-Gruppe können der Ablauf und die Dauer des Zusammenseins auf die einzelnen Kinder abgestimmt werden. Da die Aufsicht für jedes Kind immer gegeben ist, können Kinder an einem Ort auch mal länger als geplant in Ruhe weiterspielen. Kränkelnde, müde oder frierende Kinder können früher nach Hause gebracht werden. Die Möglichkeit, auf die individuellen Bedürfnisse der Kinder einzugehen, entspannt alle Beteiligten.

Die Gruppengröße sollte überschaubar bleiben, da ja auch die Erwachsenen dabei sind. So können die Kleinen allmählich mit allen vertraut werden und sich sicher fühlen. Andererseits kann eine kleine Gruppe schrumpfen, wenn Familien fehlen durch Krankheiten, Urlaub u. Ä. Gute Erfahrungen habe ich mit einer Gruppengröße von sieben bis neun Familien gesammelt.

Die meisten Eltern-Kind-Gruppen treffen sich einmal in der Woche. Die Kinder erinnern sich dann gut an Ort, Gruppe und Ablauf. Das wird daran deutlich, dass sie bald einige Namen kennen oder den vertrauten Weg allein weiterlaufen.

1.2.3 Projekttage in der Natur

Viele Gruppen gestalten spezielle Projekte in der Natur. Das kann ein regelmäßiger Tag in der Woche sein, auf den sich die Kleinen und die Eltern gut einstellen können. Oder besondere Anlässe wie die Osterzeit, ein Sommerfest, Erntedank, Apfelernte oder der erste Schnee.

Besuche auf einem Bauernhof begeistern die Kinder und geben ihnen Gelegenheit, ein Kälbchen zu streicheln, neugeborene Katzen anzuschauen, in aller Ruhe eine wiederkäuende Kuh zu beobachten und andere unvergessliche Begegnungen zu erfahren. So können sie durch konkretes Erleben etwas über unsere Lebensgrundlagen lernen, zum Beispiel, wo die Milch herkommt oder wo die Karotten wachsen.

Es gibt inzwischen Bauernhöfe, die für Kinderaktivitäten eingerichtet sind, und es gibt Bauernhof-Kindergärten. Die Bundesarbeitsgemeinschaft „Lernort Bauernhof“ veranstaltet jährliche Bundestreffen von Bauernhof-Kindergärten und führt eine Anbieterliste: www.ba-glob.de.

Wenn durch Projekttage verschiedene Jahreszeiten abgedeckt werden, erleben die Kinder intensiv den Wandel der Natur. Besonders beeindruckend für Kinder sind Gewässer. Hier werden die Jahreszeiten deutlich spürbar: im Frühling Kröten, Frösche und ihre Kaulquappen sowie aufgeregte Enten und Reiher, im Sommer die üppige Pflanzen- und Tierwelt mit warmem Wasser und Matsch zum Spielen, im Herbst die bunten Blätter als Schiffchen und das kälter werdende Wasser und im Winter das unzugängliche Wasser, vielleicht sogar Eis zum Rutschen oder einfach zum Staunen.

1.2.4 Naturpädagogische Kindertagespflege

Manche Tagesmütter und -väter spezialisieren sich auf eine Betreuung der Kleinsten draußen in der Natur. Sie gehen mit ihrer Gruppe von höchstens fünf Kindern zu vertrauten Plätzen in den Wald, wandern Feldwege entlang, spielen im naturnahen Garten mit Kleintieren oder nutzen den eigenen Bauernhof für ihr Tagespflegeangebot.

Tagespflege hat einen familiären Rahmen, in dem die Kleinsten leicht Sicherheit finden und ihnen eine flexible Anpassung an Veränderungen wie Krankheit, Wetter, zusätzliche Betreuungszeit, neue Kinder und Ähnliches ermöglicht wird.

Im Internet sind unter den Stichwörtern „Tagesmutter Natur“ aktuelle Adressen zur naturpädagogischen Tagespflege zu finden.

1.2.5 Natur- und Waldkindergärten mit Kindern von zwei bis sechs Jahren

Immer mehr naturpädagogische Einrichtungen nehmen inzwischen auch Kinder ab 2 Jahren auf. Entscheidend für die Qualität einer solchen Gruppe ist, dass auch die Kleinsten in ihrem Tempo und nach ihren Bedürfnissen spielen, sich bewegen und ausruhen können – und nicht nur hinter den Großen herlaufen. Auch muss auf ihre größere Abhängigkeit von Bezugspersonen geachtet werden, auf das größere Wärmebedürfnis und auf eine geschützte Pflegesituation.

Die Älteren in der Gruppe sollten wiederum ihren altersgemäßen Bewegungsdrang ausleben, ihren Rollen- und anderen Spielen nachgehen und ihren Wissensdurst stillen können – und das ohne ständige Rücksicht auf die Kleineren.

Es ist sinnvoll, für manche Aktivitäten die Gruppe gezielt zu teilen, damit die Großen und die Kleinen auf ihre Kosten kommen.

1.2.6 Natur- und Waldkinderkrippen

Die Kinderkrippen in der freien Natur sind eine besondere Herausforderung, die bei entsprechender Sachkenntnis und genügend Einfühlungsvermögen gemeistert werden kann und ein Gewinn für alle ist.

Der tägliche Aufenthalt draußen hat all die Vorzüge, die in diesem Buch eingehend beschrieben werden. Voraussetzung ist, dass wir auf die notwendigen Bedingungen achten und die besondere Bedürftigkeit der Kleinsten respektieren.

Auch in den meisten Kinderkrippen werden Kinder erst ab dem Alter von eineinhalb Jahren betreut aus denselben Gründen, wie oben zu den Eltern-Kind-Gruppen beschrieben.

Die Betreuungszeiten sind meistens auf den Vormittag begrenzt, sodass zwischen 12 und 13 Uhr die Kinder wieder abgeholt werden. Bei längeren Öffnungszeiten ist eine ausführliche Mittagsruhe an geschützten Ruheorten notwendig.

Immer steht ein beheizbarer Bauwagen, eine Hütte, ein Tipi oder ein schnell erreichbares Haus zur Verfügung. Das ist notwendig ...

- vor allem in der kalten Jahreszeit als Wickelplatz und Toilette.
- für die Ruhezeiten – schlafen, träumen, Geschichten erzählen, kuscheln.
- als ein Schutzraum für kränkelnde, verletzte, frierende oder übermüdete Kinder, in dem sie auf die Person warten können, die sie nach Hause holt.
- als nächste Anlaufstelle bei einem plötzlichen Unwettereinbruch.
- als Aufbewahrungsort für Pflege-Gegenstände, Nahrung, Werkzeug usw.

Die ersten Wochen mit neuen Kindern und Erwachsenen, neuer Umgebung und unbekanntem Tagesablauf sind eine große Herausforderung. Dazu kommt der Abschied von den Eltern. Je sanfter dieser Übergang für das Kind gelingt, desto einfacher werden alle zukünftigen Neuanfänge und Abschiede sein. Die Eingewöhnungszeit ist individuell sehr verschieden. Wesentlich ist, dass das Kind sich umfassend sicher fühlt und dass die Eltern ihr Kind mit einem guten Gefühl der Krippe anvertrauen können.

Für die Vorbereitung des Kindes auf die Naturkrippe ist es hilfreich, wenn Eltern mit ihrem Kind häufig draußen unterwegs sind und mit ihm das Interesse am Naturspiel teilen. Alles, was dem Kind schon vertraut ist, erleichtert das Ankommen in der neuen Einrichtung.

Dem Übergang von der Krippe in den Kindergarten dienen vielfältige Möglichkeiten, Kontakt mit den „Großen" aufzunehmen: Besuche der neuen Einrichtung, Schnuppertage, gemeinsame Feste und andere Projekte, in denen die zukünftigen Kita-Kinder mithelfen.

Solche Kinderkrippen sind meistens Wald- oder Naturkindergärten angegliedert.

1.2.7 Naturnaher Garten

In Gärten, in denen es noch „ungestaltete Wildnis" (Hohenauer, 1995, S. 11) gibt, spielen Kinder am liebsten. Orte, deren Funktionen noch offen und flexibel sind, bieten den Kleinen genügend Möglichkeiten, ihrer Neugier und ihrem Forscherdrang nachzugehen, die Umgebung selbst zu gestalten und zu verändern oder Räume des Rückzugs zu finden.

Auch Gärten sollten die im Kapitel 4.1 beschriebenen Elemente anbieten, zum Beispiel Hecken und Höhlen aus Weiden oder Haselnuss, Hänge zum Klettern und Rutschen und tragbare Äste, Baumscheiben und Steine. Oft lädt ein Erdhaufen eher zum Spielen ein als ein sauber eingefasster Sandkasten und ein paar Schlammpfützen begeistern alle.

Sinnvoll ist der Anbau von essbaren Pflanzen, etwa Beerenbüsche, Kräuter wie Pfefferminz und Zitronenmelisse oder Gemüse in einem Hochbeet. In der Gartenarbeit nehmen Kinder Natur als unsere Lebensgrundlage wahr, sie lernen Wachstumsprozesse und die Bedeutung der Jahreszeiten kennen. Sie erleben die eigene Wirksamkeit und den Wert von gemeinschaftlicher Arbeit. Selbst angebaute, gepflegte, geerntete und verarbeitete Nahrung schmeckt am besten.

Wenn möglich, können Tiere im eigenen Garten gehalten werden, z. B. Hühner, Kaninchen, Meerschweinchen. Kinder lieben Tiere und können tiefe Beziehungen zu ihnen aufbauen. Das Versorgen der Tiere unterstützt ihre Bindung zur Natur. Es fördert das Verantwortungsgefühl und lehrt täglich etwas über die Lebensweise und die Bedürfnisse der Tiere.

2 Spielen in der Natur

In den ersten drei Lebensjahren lernt ein Kind so viel und bereitwillig wie nie wieder in seinem Leben. Jetzt entwickeln sich die Grundstrukturen seines Gehirns. Das geschieht vor allem durch Eigenaktivität in Spiel und Bewegung. Das Kind bildet sich, indem es spielt.

Kinder spielen aus eigenem Antrieb, vorausgesetzt, sie fühlen sich rundum wohl. Andernfalls sollten wir fragen, ob ihre körperlichen und seelisch-geistigen Grundbedürfnisse erfüllt sind: Ist das Kind müde oder hungrig? Friert es oder ist ihm zu warm? Fühlt es sich durch irgendetwas überfordert oder verunsichert?

Gerade bei den Kleinsten ist das Bedürfnis nach emotionaler Sicherheit besonders groß. Eine Bezugsperson sollte erreichbar, möglichst sichtbar sein. Das Kind sollte sich sowohl in der Gruppe heimisch fühlen als auch an den vertrauten Plätzen. Ein verlässlicher Ablauf sollte gewährleistet sein.
Auch hier gilt: Bindung kommt vor Bildung.

2.1 Schwerpunkte der Spielentwicklung

ACHTSAME PRAXIS

Kriterien für eine gute Entwicklung:
- **Das Kind spielt und bewegt sich mit Freude und Eifer.**
- **Es macht sichtbare Fortschritte, egal ob kleine oder große.**

Viele Naturpädagogen nehmen Kinder erst ab zwei Jahren in ihre Gruppen auf. Ab diesem Alter nimmt das Erforschen mit dem Mund deutlich ab. Außerdem können die Kinder dann in der Weite genauer sehen und sie laufen selbstständig. Das erleichtert die Aufsicht und erweitert die Möglichkeiten von Spiel und Bewegung draußen.

Doch auch jüngere Kinder sind in der Natur gut aufgehoben und werden in ihrer Entwicklung unterstützt, wenn die Umgebung und der Ablauf sicher und altersgemäß ausgewählt sind.

Schon *im ersten Lebensjahr* erforschen die Kinder die Natur: Boden stochern, Steine in den Bach werfen, Erde in einen hohlen Baumstumpf stopfen, mit Stöcken trommeln, an einem liegenden Baumstamm laufen üben, über weiches Moos und pieksige Nadeln krabbeln, einen Zapfen auseinanderzupfen oder die weiße Haut der Birkenrinde abziehen …

Ungefähr *ab dem 6. Monat* untersucht das Kind immer mehr mit Händen und allen Sinnen. Es erforscht die **physikalischen Eigenschaften** eines Gegenstandes und des eigenen Körpers: Geruch, Geschmack, Geräusch, Oberfläche, Form, Farbe, Konsistenz, Größe, Gewicht, Bewegungsmöglichkeit. Für all diese Themen braucht es nun geeignetes Material.

Mit ca. 9 Monaten kann es aufgrund des entwickelten Kurzzeitgedächtnisses seine **Merkfähigkeit** einsetzen („Objektpermanenz“ nach

Piaget): Einen Käfer, der unter einem Blatt verschwindet, sucht es genau dort. Es begeistert sich für „Guck-Guck"-Spielen, wenn wir das Gesicht hinter einem Baumstamm verstecken.

In diesem Alter erkundet das Kind zunehmend **kausale Zusammenhänge,** indem es Aktivitäten wiederholt: Steine ins Wasser wirft, die spritzen und untertauchen, zwei Stöckchen aneinanderklopft und auf das Geräusch hört, immer wieder trockene Blätter knisternd zerdrückt.

Am Ende des 1. Lebensjahres entwickelt es das ordnende **Ein- und Ausräumen und Sammeln**: Was passt wo hinein, was ist innen, was außen, was ist gleich, was verschieden, alles und nichts, voll und leer ...? Nun braucht das Kind viele Dinge einer Art: Zapfen, Steine, Stöcke zum Sammeln und Ordnen sowie kleines Füllmaterial und Behälter wie hohle Baumstümpfe, gewölbte Rindenstücke, große Blätter. So erspielt es sich erste Grundbegriffe der Naturwissenschaften: durch das Greifen zum späteren abstrakten Begreifen.

Um den ersten Geburtstag herum beginnt es, die **Funktion der Gegenstände** einzuüben, so, wie es dies bei uns Erwachsenen sieht: Es führt den Löffel zum Mund, rührt mit einem Stock in der Suppe usw. Im Spiel ahmt es die ihm vorgelebte Kultur nach und eignet sich diese an.

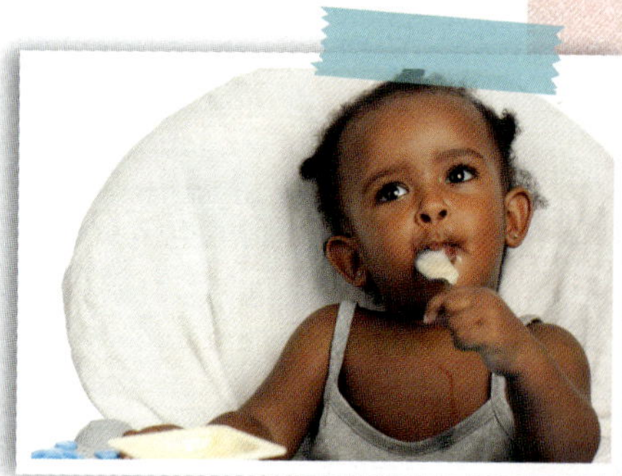

Mit der Aufrichtung nimmt die Beschäftigung mit **Schwerkraft** und mit **räumlichen Eigenschaften** zu: Das Kind baut vertikal, indem es Dinge aufeinanderstapelt zu Türmen.

Am Ende des 2. Lebensjahres beginnen auch die **Fantasie-Spiele**: Ein liegender Stamm ist ein Pferd oder Flugzeug, ein hohler Baumstumpf ein Kochtopf mit Nudeln aus Gras, Zapfen bilden eine Zwergen-Familie. Das Kind spielt detailreiche Szenen aus seinem Alltag: Figuren sitzen am gedeckten Tisch, werden schlafen gelegt oder fahren Bus, mit einem Stock ahmt es lautstark einen Bohrer nach oder sitzt als Motorradfahrer auf einem Baumstumpf.

Die Kinder üben in diesem Alter, Dinge nach Plan zu gestalten, die **Konstruktionsspiele**: Sie bauen Hütten, benutzen einfache Werkzeuge wie Hammer und Bohrer, malen mit Erdfarben, pflücken Blumensträuße, kleben Masken aus Lehm oder Schnee an Baumstämme. Momente des gemeinschaftlichen Spielens werden häufiger.

Wenn das Kind *im 3. Lebensjahr* „ich" sagt, beginnen die **Rollenspiele** mit anderen Kindern.

Wett- und Regel-Spiele sind erst *am Ende des 4. Lebensjahrs* sinnvoll. Dann können Kinder die Sichtweise des anderen in ihr Handeln einbeziehen und sich verlässlich an komplexe Absprachen halten.

2.2 Sinn des Spielens draußen

Ein kleines Kind spielt, in sich versunken. Mit all seinen Sinnen ist es vertieft in die Fragen: Wie ist die Welt? Wie ist mein Körper? Was kann ich bewirken?

Und ein kleines Kind schaut zu. Es sammelt Eindrücke. Für seine innere Schatzkiste, aus der heraus es sich nach und nach selbst hervorzaubert.

Spielen und Zuschauen sind notwendige Tätigkeiten für die kindliche Entwicklung und beides tun Kinder von sich aus, so wie sie es gerade brauchen, ohne Aufforderung.

„Wesentlich ist, dass das Kind möglichst viele Dinge selbst entdeckt. Wenn wir ihm bei der Lösung aller Aufgaben behilflich sind, berauben wie es gerade dessen, was für seine geistige Entwicklung das wichtigste ist. Ein Kind, das durch selbstständige Experimente etwas erreicht, erwirbt ein ganz andersartiges Wissen, als eines, dem die Lösung fertig angeboten wird."

(Pikler, 2002, S. 73)

Für solche Erfahrungen stellt die Natur eine Fülle von geeignetem Spielmaterial zur Verfügung. Und sie tut dies in zurückhaltender Weise, nicht so aufdringlich wie ein mit Spielzeug überhäuftes Kinderzimmer. Die Kleinen lernen dabei von Anfang an, dass einfache Dinge zu den vielfältigsten Spielen brauchbar sind und dass einfache Dinge schön sein können.

Naturspielmaterial bietet die wesentlichen Informationen über „echtes Leben". In der natürlichen Umgebung erfüllt alles seinen lebensdienlichen Zweck, egal, ob es ein blühender Strauch ist oder ein vermodernder Baumstamm. Damit erfährt das Kind die Sinnhaftigkeit des Lebens, ein entscheidender Faktor für seine Selbstwahrnehmung und seine innere Haltung der Welt gegenüber.

2.2.1 Das Leben im Original

Das Leben im Original kennenzulernen, das ist eine Hauptaufgabe in den ersten Lebensjahren.

Das Original bietet sinn(en)volle Informationen, was Abbildungen in Bilderbüchern, Filmen oder als Tierfiguren nicht wirklich leisten können.

Ein Kind versucht, mit Natursteinen einen Turm zu bauen, und erlebt dabei, was Schwerkraft und Gleichgewicht wirklich bedeuten. Es überträgt diese Erfahrungen auf seine eigenen Körperbewegungen: Unebenheiten brauchen besondere Vorsicht und Übung.

Standardisierte Bausteine mit Verzapfungen sind für die Lernprozesse der frühen Kindheit wenig geeignet, da sie die elementare Erfahrung von Gleichgewicht verhindern. Ebenso unwirklich ist ein Bauernhof aus Kunststoff-Figuren: Hier ist das Pferd genauso schwer wie das Huhn, und die Bäuerin ist genauso schwer wie der Traktor; alle Teile fühlen sich gleich an, schmecken und riechen gleich. Das hat mit dem wirklichen Leben wenig zu tun.

Das Erlebnis, vor einer Kuh zu stehen, ist für ein Kind höchst beeindruckend: Die Kuh ist riesig, ihre Augen glotzen, die große Zunge schleckt um das Maul, die Kuh riecht, wie nur eine Kuh riecht, sie strahlt Wärme aus. Das Kuhfell fühlt sich anders an als Hund oder Katze. Die Kuh macht gewaltige Bewegungen und ruft ihr unnachahmliches „Muh".

Das Gleiche gilt für typische Tierbewegungen: den Gleitflug eines Bussards am weiten Himmel, das fröhliche Flattern eines Schmetterlings, das elegante Landen einer Ente auf dem See oder das Platschen, wenn ein Frosch plötzlich ins Wasser hüpft, das aufgeregte Baden eines Vogels in einer Pfütze.

Das sind tief prägende Erlebnisse für ein Kind und ein Erinnerungsschatz für sein ganzes Leben. Solche komplexen Sinneserfahrungen verbinden sich mit Emotionen wie Begeisterung, Aufregung, Erschrecken, mit körperlicher Bewegung und mit Gesprächen.

Der kleine, flache Fleck im Bilderbuch, der sich nicht bewegt, nicht riecht und nichts äußert, soll eine Kuh sein. Um das zu erkennen, muss man seine realen Erfahrungen abstrahieren können. Doch wenn ein Kind noch keine Erfahrungen mit wirklichen Kühen hat?

Abbildungen können dazu dienen, sich an eigene Originalerfahrungen zu erinnern. Dann leben die erfahrenen Sinneseindrücke und Emotionen wieder auf und das gemeinsame Anschauen von Bilderbüchern wird zu einem sinnvollen Ereignis.

Zur Originalerfahrung gehört auch der Wechsel der Jahreszeiten. Naturspielkinder erleben jede Wetterveränderung hautnah. Das fördert die gesunde Anpassungs- und Lernfähigkeit des Kindes, körperlich und auch seelisch-geistig: Es ist nicht immer alles angenehm, sondern z. B. kalt und rutschig, und nicht immer alles verfügbar, wie z. B. Tiere im Winterschlaf, ausgetrocknete Pfützen, verblühte Blumen und geschmolzener Schnee.

Auf der anderen Seite erleben die Kinder gerade im Wechsel des Jahreslaufs eine stärkende Wiederholung: Das Wiedererkennen der jahreszeitlichen Merkmale und die Verlässlichkeit des Jahresrhythmus stärken das kindliche Grundvertrauen.

2.2.2 Spielen und Bewegen

„In keiner anderen Lebensphase spielt Bewegung eine so große Rolle wie in den ersten Lebensjahren. Die frühe Kindheit ist gekennzeichnet durch Neugier, Entdeckerlust und einen großen Betätigungs- und Bewegungsdrang. […] Die Entwicklung und zunehmende Differenzierung motorischer Fähigkeiten – des Greifens, der Fortbewegung und der Koordination von Körperbewegungen – ermöglichen immer komplexere Wahrnehmungserfahrungen, die die Grundlage der kognitiven Fähigkeiten bilden und die Selbstständigkeitsentwicklung unterstützen.

(Zimmer, 2019, S. 4)

Wir alle kennen die Situation mit Kindern, die gefühlt stundenlang an einer Pfütze spielen: ins Wasser springen, mit Stöckchen im Matsch stochern, Blätter schwimmen lassen, Steine hineinwerfen. Mit welcher Ausdauer und Konzentration vollziehen sie hundert verschiedene Bewegungen, spontan und aus eigenem Antrieb!

Aktuelle Berichte zeugen von alarmierenden Mängeln in der Bewegungsfähigkeit von Kindern. Die Defizite wirken sich schädlich auf die Gesundheit aus sowie auf das seelische Gleichgewicht, auf die Konzentration und auf die Lernfähigkeit.

Ausreichende Bewegung verbessert das Körpergefühl und damit die Sicherheit des Kindes. Es lernt, seine eigenen Grenzen einzuschätzen. Wenn es dabei selbstbestimmt handelt, entwickelt es eine Bewegung, die seiner körperlichen und seelischen Reife entspricht, ohne Über- oder Unterforderung. Diese Prozesse kann ihm niemand abnehmen.

Zu den wichtigsten Bewegungen für kleine Kinder zählt das Laufen. Mit jedem Schritt wird der ganze Körper bewegt und die Koordination von Seh-, Hör-, Tast- und Gleichgewichtssinn sowie Muskulatur geübt.

Außerdem vollziehen die Kinder Überkreuzbewegungen über die Körpermitte hinweg: Abwechselnd wird das linke und das rechte Bein mit der Hüfte nach vorne gesetzt, gleichzeitig schwingt der jeweils diagonal gegenüberliegende Arm mit nach vorne. Die Überkreuzbewegung fördert die Gehirnentwicklung und beugt Einseitigkeiten im Denken vor.

Kaum ist das Kind in einer Bewegungsart einigermaßen sicher, so übt es schon den nächsten Schwierigkeitsgrad: Gerade hat es laufen gelernt, schon trägt es Steine und Äste, läuft Stufen, geht rückwärts, dreht sich im Kreis, versucht zu hüpfen.

ACHTSAME PRAXIS

Das Gleichgewichtsorgan im Innenohr reift während der ersten sechs Lebensjahre. Dafür braucht es häufige Bewegung. Wenn der Gleichgewichtssinn noch nicht ganz ausgereift ist, spürt das Kind natürlicherweise den Drang, sich zu bewegen!
Ein gut entwickelter Gleichgewichtssinn ist für eine sichere und gesunde Bewegung wichtig und ebenso für das kognitive Lernen und für das seelische Gleichgewicht. Der Gleichgewichtssinn vermittelt ein Gefühl für oben und unten, aufwärts und abwärts, rechts und links, vorwärts und rückwärts usw. Ein gefestigtes Raumerleben mit gutem Orientierungsvermögen ist z. B. Voraussetzung für das spätere Unterscheiden von Buchstaben wie u - n oder b - d - p.

Das sich bewegende Kind lernt auch, dass Bewegung ein emotionales Ventil sein kann und ihm hilft, mit Gefühlen umzugehen.

Die Motivation zu vielfältiger Bewegung entsteht durch den kindlichen Forscherdrang und durch die höchst interessante Umgebung draußen in der Natur: Da sind Hänge, die dazu auffordern, hinaufzuklettern und hinunterzurennen, zu rutschen oder zu rollen. Kinder tasten sich durch Büsche und klettern über Baumstämme, die den Weg versperren. Auf Steinen wird durch den Bach balanciert. Sie hocken sich vor eine Schnecke hin, um sie genau zu betrachten. Für den Bau eines Waldsofas tragen sie Äste durch den Wald. Sie wippen auf liegenden Baumstämmen. Hüpfend ahmen sie unwillkürlich einen Frosch nach, rennen über unebene Wurzelwege einem Schmetterling hinterher.

ACHTSAME PRAXIS

Eine bewegte Umgebung fordert selbst zur Bewegung auf
Dies gilt für scheue und introvertierte Kinder genauso wie für extrovertierte sowie medien- und programmgewöhnte. Sie brauchen draußen keine Druckmittel wie Belohnungen und Ermahnungen. Sie bewegen sich aus eigener Initiative und mit Freude – ein Wundermittel für ein gesundes Bewegen und effektives Lernen.

Dazu kommen die fein- und grobmotorischen Bewegungen der Hände: Draußen können die Kinder Sandsteine zu Mehl klopfen, Rindenstücke zu einem Turm stapeln, Fichtennadeln einzeln aufpicken und in die winzigen Löcher eines Baumstumpfs stecken, Birkenrinde wegpulen, mit Matsch Skulpturen an Baumstämmen formen, mit einem Zweig im Bach angeln, einen Frosch in der hohlen Hand halten.

Bewegung dient der Gehirnentwicklung und damit dem Lernen. Sowohl die verstärkte Durchblutung des Gehirns als auch die intensivere Atmung erhöht die Sauerstoffzufuhr im Gehirn.

Zudem werden Bewegungen in der Gehirnregion koordiniert, in der sich auch das Arbeitsgedächtnis befindet, das Dinge bearbeitet, auf die wir uns konzentrieren wollen. Wer sich auf komplexe Bewegungsabläufe konzentriert, schult die Konzentrationsfähigkeit für alle anderen Lebensbereiche.

„Dass Bewegung auch den Geist beflügelt, zeigen inzwischen Dutzende wissenschaftlicher Studien. So lernen Kinder auch in der Schule erfolgreicher, wenn dort viel Sport getrieben wird. Hirnforscher vermuten, dass das an dem bei körperlicher Anstrengung im Gehirn ausgeschütteten Dopamin liegt – es hilft bei der Verankerung von Lernerfahrungen und lässt Selbstvertrauen ansteigen.“

(Renz-Polster/Hüther, 2013, S. 81)

2.2.3 Spielen und Forschen

Im Spiel sind Kinder Forscher – mit allen Sinnen, dem ganzen Körper, mit ihrer Vorstellungskraft. Sie lernen, und zwar von Grund auf, aus eigener Erfahrung und hochmotiviert.

Sie erforschen die physikalischen Eigenschaften von Dingen: verschiedene Formen, Gewichte, Temperaturen, sie fühlen die große Vielfalt unterschiedlicher Oberflächen, probieren aus, wie sie die Dinge bewegen können. Sie üben im Spiel mathematische und physikalische Begriffe wie leer und voll, wie eins, zwei, vieles oder alles und nichts. Sie lernen Aussehen, Verhaltensweisen und Lebensbedingungen von Pflanzen und Tieren kennen – Biologie durch Erleben. Beim Bauen von Steintürmen, Zwergen-Häuschen oder Äste-Tipis erwerben sie technische Fähigkeiten, z. B. Statik.

ACHTSAME PRAXIS

Spielen ist Forschen:

Wie fühlt sich der Matsch an?
Und wie bekommt das Kind ihn
wieder weg von seinen Fingern?
Sonst fällt immer alles runter,
wenn es loslässt.
Doch der Matsch klebt fest.

Jeder Stein, den das Kind ins
Wasser wirft,
erzeugt ein anderes Geräusch und verschieden hohe Spritzer,
je nach Größe, Gewicht und Form.
Steine tauchen unter im Wasser, Blätter schwimmen oben.

Jeder Stock fühlt sich anders an, sieht anders aus,
ist unterschiedlich lang und schwer.

Die Schnecke zieht sich zusammen bei Berührung,
der Frosch hüpft davon, der Käfer krabbelt unter ein Blatt.

Moos schmeckt anders als Nadelboden.

Den Holzstock kann man in die Erde bohren,
aber nicht in den Baumstamm.

Manche kleinen Forscher wechseln ihr Thema schnell. Andere verweilen zehn Minuten an einem Gegenstand. Wieder andere schauen interessiert zu und sammeln erst einmal vielerlei Eindrücke. Es ist wichtig, dass wir kindliches Zuschauen respektieren. Nur wenn ein Kind blockiert ist aus Angst und deshalb im passiven Zuschauen verharrt, sollten wir eingreifen und das Kind unterstützen, z. B. indem wir ihm Sicherheit geben.

Zum Forschen gehört auch die Erfahrung, laut sein zu können. In der Natur ist Lärm weniger störend als im Haus. Mit Stöcken auf Baumstämme knallen, Steine aneinanderklopfen, mit lautem Kreischen Motorsäge spielen oder auch schreiend den Feldweg entlanglaufen, all das ist für viele Kinder eine Wohltat. Sie erleben ihre eigene Wirksamkeit. Sie leben ihre Gefühle aus. Sie lernen ihre Kräfte kennen – und allmählich auch, diese gezielter und maßvoller einzusetzen.

Das kindliche Erforschen mit dem Mund ist für Erwachsene eine besondere Herausforderung. In den ersten 18 Monaten stecken Kinder noch systematisch sehr vieles in den Mund. Oft hilft es uns, wenn wir die Gründe für dieses Verhalten verstehen:

Kinder ertasten die Gegenstände mit den Lippen, der Zunge und den Zähnen, schmecken und riechen sie. Dadurch lernen sie mit dem Mund die verschiedensten Geschmacksvarianten, Gerüche, Oberflächen, Konsistenzen, Formen und Temperaturen der Dinge kennen.

Die Kleinen machen sich schon früh vertraut mit der Vielfalt dieser Qualitäten und sind vorbereitet auf den Reichtum an Geschmäckern und Konsistenzen von Nahrungsmitteln.

Außerdem trainieren sie die Feinabstimmung der Muskeln im Mundbereich. Das ist wichtig für den Spracherwerb. Denn die Sprechwerkzeuge Lippen, Zunge und Zähne wollen gut geübt sein, um zum Beispiel den Laut P von „Puppe“ und B von „Ball“ oder den Laut T von „Tier“ und D von „dir“ klar unterscheiden zu können.

2.2.4 Spielen und Nachahmen

Kleine Kinder lernen vor allem durch Nachahmung.

Im nachahmenden Spiel übt das Kind unsere Kultur ein. Als Vorbilder können wir hier wesentliche Impulse geben: ruhige Mahlzeiten, achtsame Pflege, schöne Rituale, Musik, Geschichten, handwerkliche Arbeiten, Respekt gegenüber Pflanzen und Tieren.

Auch eine konstruktive Konfliktregelung oder unsere Reaktion auf ein totes Tier sind besondere Möglichkeiten, den Kindern Werte zu vermitteln, und zwar durch unser sichtbares Handeln als Ansporn zur Nachahmung.

Hier geht es nicht darum, dass die Kleinstkinder gleich selbst mitmachen. Sie sollen solche Impulse eher mit ihren feinen Antennen als sinnvolle Aktivität wahrnehmen. Dann werden sie diese zu ihrer Zeit und in ihrer Weise nachspielen und verinnerlichen.

Nachgeahmt wird von den Kindern auch die Atmosphäre einer Gruppe oder eines Ortes. Wenn dort Hektik und ein hoher Geräuschpegel herrschen, werden die meisten Kinder davon quasi angesteckt. Ebenso von einer ruhevollen Stimmung und einem aufmerksamen Miteinander.

Dies ist einer der Gründe, warum Kinder in der Natur draußen ruhiger und friedlicher spielen und dort auch das Sozialverhalten in der Gruppe stressfreier ist. Sie ahmen unwillkürlich die Atmosphäre in der Natur nach.

In ihrem noch gefühlsbetonten, vorbewussten Zustand nehmen kleine Kinder die vitalen Kräfte der Natur intensiv wahr. Ein im Wald gefundener Stock kann für ein Kind genauso lebendig sein wie es selbst. Dazu kommt, dass jeder Stock anders ist, individuell wie jedes Kind. Das ist den Kindern nicht bewusst, doch sie empfinden unbewusst diese Qualitäten.

2.2.5 Spielen und Naturschutz

Naturspielkinder lernen wie von selbst Naturschutz. Denn Menschen schützen und bewahren das, was ihnen ans Herz gewachsen ist.

Es reicht nicht, Kinder über unsere natürlichen Lebensgrundlagen und ihre Gefährdung zu informieren oder ab und zu mit Naturmaterial zu basteln. Ein Kind braucht die Vertrautheit mit der Natur durch regelmäßiges Spielen und Leben draußen, möglichst schon in der frühen Kindheit.

Außerdem brauchen kleine Kinder unser Vorbild im achtsamen Umgang mit der Natur. Das wirkt am intensivsten, wenn sie uns direkt vor Ort erleben können. Dazu zählen auch viele kleine, uns vielleicht gar nicht bewusste Handlungen, wie zum Beispiel unser aufmerksamer Blick für einen Käfer, Freude über eine Blumenwiese oder das Einsammeln von Müll am Wegesrand. Viele Kinder haben für solche Gesten eine feine Wahrnehmung. Sie prägen ihr Verantwortungsgefühl genauso wie bewusst geplante Naturschutzaktionen.

„Darüber hinaus ist zu bedenken, dass die frühe Erfahrung von Natur zur Festigung einer engen, weniger über den Verstand als vielmehr über das Gefühl vermittelten Mensch-Naturbeziehung beiträgt. Eine mit positiven Gefühlen verbundene Begegnung des Kindes mit Natur prägt die Einstellung des späteren Erwachsenen. Seine Bereitschaft zur Übernahme von Verantwortung gegenüber der Natur wird durch die Begegnung im Kindesalter geweckt und fest im Frontalhirn verankert. Dies kann nur durch möglichst frühe und möglichst emotional vermittelte Erfahrungen gelingen. Grundlagen für den Respekt vor der Natur oder auch für die Gleichgültigkeit oder gar Rücksichtslosigkeit gegenüber der Natur werden also schon in der Kindheit durch das Angebot naturnaher bzw. naturferner Spielräume gelegt.“

(Hüther, 2008, S. 25 f.)

ACHTSAME PRAXIS

Ein Kind steht vor einem großen Haselnussstrauch.
Weit legt es den Kopf in den Nacken,
um die obersten Zweige zu sehen.
Sie strecken sich zum Himmel.
Die Höhe fordert seinen Mut heraus.
Es klettert auf einen erreichbaren Ast, der sich leicht nach unten biegt.
Das Kind und die Hasel sind im Gespräch.
Sie sind verbunden in ihrer Lebenskraft. –
Noch einen Ast höher.
Dort bleibt es sitzen.
Das Kind fühlt Sicherheit und Gefahr im gleichen Moment.

2.3 Qualitäten des Naturspielmaterials draußen

* Jedes Kind findet altersgemäßes Material.
* Alle Sinne werden angeregt mit der größten Vielfalt an Formen, Oberflächen, Größen, Gewichten, Farben, Festigkeiten, Temperaturen, Geschmacks- und Geruchsvarianten, Klangmöglichkeiten – jeder Stock und jeder Stein ist anders!
* Naturmaterial lässt den Kindern ihr selbstbestimmtes Forschen und Spielen. Natur stellt ihren Reichtum zur Verfügung, ohne Programm und ohne Bedienungsanleitung.
* Die Einfachheit des Materials eröffnet einen Reichtum an Erfahrung. Kinder lernen zu improvisieren. Sie erleben Zufriedenheit mit einfachen Dingen.

* Natur fordert dazu auf, sich zu bewegen, zu experimentieren und zu kommunizieren.

* Alles in der Natur hat eine Aufgabe in einem Sinngefüge. Es bekommt nicht erst durch das Kind einen Sinn (wie das meiste Spielzeug). Dadurch leben sich Kinder draußen in sinnvolle Zusammenhänge hinein, was Urvertrauen und Resilienz stärkt.
* Lernen draußen in der Natur hat nachgewiesene Vorteile.
* Das Spielmaterial bietet echte Wirklichkeitserfahrung und lehrt unmittelbar Lebenserkenntnisse, zum Beispiel die Dauer von Wachstumsprozessen, die Verwandlung in der Metamorphose (Raupe zum Schmetterling, Buchecker zur Buche …) und das Nebeneinander von Leben und Sterben.
* Das freilassende Naturspielmaterial ist optimal für die Entfaltung der Fantasie. Kinder brauchen eine starke Vorstellungskraft, damit aus dem Stock wirklich ein Bohrer wird, aus dem Baumstamm ein Flugzeug und aus Fichtennadeln eine leckere Suppe. Die Fähigkeit zur Fantasie ist ein wesentlicher Teil unserer Intelligenz.

2.4 Freies, selbstbestimmtes Spielen

Kinder leben heute unter der ständigen Aufsicht von Erwachsenen. Unsere Eltern oder Großeltern zogen noch in Kindergruppen durch die Straßen, spielten gemeinsam im Wald. Die größeren Kinder passten auf die kleineren auf – oder auch nicht. Zur Kindheit gehörten aufgeschlagene Knie und Schrammen im Gesicht, zerrissene Kleider von abenteuerlichen Kletterversuchen, nasse Schuhe vom Spielen im Bach. Die Streitereien unter den Kindern bekamen die Eltern kaum mit. So waren die Kinder in einem Ausmaß auf sich gestellt, wie wir es heute nicht mehr zulassen, oft mit gutem Grund. Doch sie hatten einen Erfahrungsraum, der inzwischen weitgehend verarmt ist.

Es ist eine besondere Aufgabe, Kindern wieder genügend Zeit und Raum für selbstbestimmtes Spielen zu geben.

„Das Spiel ist gewissermaßen der Hauptberuf eines jeden Kindes, […] Es ist die ‚handelnde Auseinandersetzung' der Kinder

mit ihrer gesamten Umwelt. Kinder wollen sie entdecken, verstehen, sich ihren Gesetzmäßigkeiten annähern und sich mit unbekannten Dingen vertraut machen. [...] Spiele vollziehen sich nicht in erster Linie auf irgendwelchen Tischen, sondern geschehen dort, wo das Leben pulsiert: in spannenden Projekten, in Höhlen und Buden, auf Bäumen und auf dem Boden, in selbst gebauten Hütten, im Wald und auf Wiesen, in Knicks und im Buschwerk, beim Hämmern und Sägen, Laufen und Buddeln, Schätze entdecken, bei lebendigen Festen und geheimnisvollen Erkundungen. Dort spielt sich das wirkliche Leben ab."

(Krenz, 2001, S. 8 f.)

Wichtig ist, dass Kinder im freien Spielen die Initiatoren sind und nicht die Erwachsenen. Die Kinder bestimmen, was sie spielen möchten, mit wem, wie lange. Im selbstbestimmten Spielen sind Kinder frei von äußeren Erwartungen, Befürchtungen und Zwängen. Ihr Spiel ist eine Pause vom sonstigen Sozialisationsdruck.

ACHTSAME PRAXIS

**Ein Kind hockt am steinigen Ufer des vertrauten Baches.
Das Wasser plätschert.
Die wiegenden Gipfel der Fichten rauschen.
Der Waldboden riecht feucht und würzig.
Im Wasser spiegelt sich das Sonnenlicht.
Die Steine sind kalt und haben eine raue Oberfläche.
Der große Stein ist fast zu schwer für die Hand des Kindes.
Es balanciert seinen Körper immer wieder aus,
wenn es den Stein aus dem Sand zieht,
ihn dann über seinen Kopf in die Höhe hebt,
sich etwas nach hinten neigt
und mit der Hand nach vorne schnellt,
plötzlich in der Bewegung innehält und den Stein loslässt. –
Der Stein taucht mit einem lauten „Plopp" ins Wasser.
Wassertropfen spritzen ins Gesicht des Kindes.
Konzentriert, versunken erlebt es sein Werk.
Es wiederholt noch viele Male sein reiches,
jedes Mal anderes Spiel.**

Im selbstbestimmten Spiel lernen auch schon die Kleinsten, auf ihre Weise Beziehungen zu gestalten: Sie einigen sich oder gehen auseinander, finden Kompromisse, setzen sich durch oder verzichten – all dies sollten Kinder lernen für ein soziales Miteinander. Problematisch ist es, wenn ein Kind in bestimmten Verhaltensweisen stecken bleibt und in seiner Rolle längerfristig erstarrt. Dann sollten wir ihm neue Wege zeigen und gemeinsam einüben.

Selbstständiges Spielen dient der Lebensbewältigung. Die Kinder verarbeiten ihre Alltagseindrücke schöpferisch, machen sich das Leben mit eigenen Mitteln handhabbarer. Und sie erfüllen sich Wünsche mit einer in ihrer Fantasie selbst geschaffenen Welt.

2.5 Risikoreiches Verhalten im Spiel von Kindern

Das Erleben von Gefahren und die damit verbundenen Grenzerfahrungen und Ängste sind für die Entwicklung von Kindern wichtig. Kinder suchen instinktiv nach Risiken und sind fasziniert davon. Sie wollen an ihre Grenzen gehen, um diese zu erweitern und selbst körperlich und seelisch zu wachsen. Das betrifft auch die Kleinsten, deren Körper und Gehirn ja außerordentlich lernbegierig sind. Evolutionsgeschichtlich gesehen dient das risikoreiche Verhalten im Spiel der Bewältigung von zukünftigen Lebensanforderungen.

ACHTSAME PRAXIS

Das risikoreiche Verhalten wird in sechs Kategorien eingeteilt – mit Beispielen:
- **Große Höhen – klettern, springen**
- **Hohe Geschwindigkeiten – Hänge abwärts rennen, rutschen, schaukeln**
- **Gefährliche Werkzeuge – Messer, Sägen**
- **Gefährliche Elemente – Eisflächen, tiefe Gewässer, Feuer**
- **Kampf- und Tobespiele – ringen, fechten mit Stöcken**
- **Gefahr, verloren zu gehen – Umwege, Streifzüge, Versteckspiel in weitem Gelände**

(vgl. E. Sandseter, 2015, S. 26)

2.6 Angeleitete Spiele

Auch die Kleinen haben Freude an angeleiteten Spielen. Hier gelten besondere Regeln:

* Wir bieten den Kleinen die Spiele an und sie entscheiden, ob und wie lange sie mitspielen.
* Wir lassen den Kindern Zeit, sich in das Spiel hineinzufinden, und freuen uns auch über Kinder, die erst später dazukommen wollen.
* Wir gehen humorvoll mit Kindern um, die Spielvarianten ausprobieren.
* Wir bewerten die Handlungen nicht nach gut und schlecht oder falsch und richtig.
* Kinder, die andere im Mitspielen stören, brauchen unsere Aufmerksamkeit. Wir laden sie zum Zuschauen oder zu einer anderen Aktivität ein.

Manche der beschriebenen Spiele eignen sich für altersgemischte Gruppen mit über Dreijährigen, an denen sich die Jüngeren orientieren. Das ist jeweils angemerkt.

2.6.1 Spiele mit selbst gestaltetem Spielmaterial

„Waldi“

Material: Fichtenzapfen oder kleine Stöcke, ca. 1 m lange Schnüre

Ein Schnurende wickeln und knoten wir um den Zapfen bzw. das Stöckchen und binden am anderen Seilende eine Schlaufe zum Festhalten.

Spielmöglichkeiten

* „Waldi“, der Hund, folgt den Kindern über Stock und Stein – er kann sogar schwimmen.
* Wir hängen drei Zapfen nebeneinander an einen Ast und bringen sie zum Schwingen.
* Wir versuchen, einen hängenden Zapfen mit einem anderen zu treffen.
* Eine Person lässt den Zapfen auf dem Boden kreisen, die anderen springen darüber.

* Wir lassen Zapfen über unsere Köpfe kreisen – und auf einer Wiese dann weit fliegen.
* Ein Kind hält die Schlaufe, ein anderes Kind mit beiden Händen den Zapfen als Pferdchen am Zügel oder als Skilift ...
* Wir angeln am Bach mit unserer Zapfen-Angel nach Blätter-Fischen ...
* Wir hängen die Schlaufe des Seils an einen Ast, wickeln das Seil um den Zapfen und lassen diesen dann runtersausen – mit einem Spruch:
  Rolle, rolle, rattatatt.
  Wenn Roland einen Roller hat, dann rollt er durch die ganze Stadt.
  Rolle, rolle, rattatatt.

Zweigringe

Material: Zweige von Haselnuss oder Weide, Äste vom Schwarzen Holunder, Sparschäler

Den Holunder schneiden wir in ca. 2 cm lange Stücke. Die Zweige biegen wir zu einem kleinen oder großen Kreis und spitzen beide Enden an mit einem Sparschäler. Die Enden stecken wir beiderseits in das weiche Mark eines Holunder-Stückchens, das als Verbindungsglied dient. Wenn das Mark trocknet, ist der Ring stabil.

Spielmöglichkeiten

* Wir versuchen, die Ringe auf einen in die Erde gesteckten Stock zu werfen.
* Wir werfen sie auf bemalte Steine o. Ä. und fangen so diese „Fantasiewesen".
* Wir sitzen im Kreis und geben einen oder mehrere Ringe von Finger zu Finger. Mit welchem Finger geht es am besten? Dabei kann die Richtung gewechselt werden.
* Dasselbe tun wir sitzend und geben die Ringe mit den Füßen von einem zum anderen – am besten barfuß, geht aber auch mit Schuhen, wenn die Ringe groß genug sind.
* Wir setzen die Ringe als Kronen auf und balancieren damit.
* Die Ringe können Spielfelder sein, in die wir hineinhüpfen oder mit Steinen zielen.
* Wir nehmen sie als Grundlage für Kränze oder Mandalas.

Kugelbahn

Material: Ein kleiner Hang; für die Kugeln: feuchte Erde, runde Steine, Kastanien oder Zapfen

Die Kinder üben das Formen von Erdkugeln zwischen den Handflächen. Ein von Hindernissen freigeräumter, glatter Hang dient als Rollbahn für unsere Kugeln aller Art. Viele Kinder sind hoch motiviert, hinter den rollenden Kugeln herzulaufen, sie einzusammeln und den Hang wieder hochzustapfen.

Kochtopf

Material: Hohler Baumstumpf, Stöckchen, Rindenstücke und Erde, Blätter, Moos, Samen ...

Aus dem gesammelten Material mischen wir eine Suppe im Baumstumpf, rühren mit dem Stöckchen als Rührlöffel. Auf Rindenstückchen als Teller wird die Mahlzeit serviert.

Umrisse legen (gemeinsam mit älteren Kindern)

Material: Ebene Plätze, verschiedene Naturmaterialien

Einige größere Kinder oder Erwachsene legen sich mit dem Rücken auf den Boden und strecken Arme und Beine von sich. Die anderen sammeln Steine, Zapfen, Stöcke oder Blätter, Blüten und andere farbige Materialien. Damit legen sie nun die Körperumrisse der Liegenden nach. Dafür braucht es Vertrauen zur Gruppe. Wenn die Person vorsichtig aufsteht, bleibt ihr Körperumriss erhalten. Jeder wirkt durch die verschiedenen Materialien und Farben anders. Die Umrisse können die Kinder auch noch ausgestalten: Gesichter, Kleidung, Besen ...

Körperschmuck

Material: Ebene Plätze, verschiedene Naturmaterialien

Einige Kinder legen sich mit dem Rücken auf den Boden. Die anderen legen kleine Naturfundstücke vorsichtig auf einzelne Körperteile und schmücken so die Liegenden. Vielleicht kann jemand die Geschmückten fotografieren.

2.6.2 Spiele mit Stöcken

Zapfen-Trage

Material: Zwei fingerdicke, gleich lange Stöcke und ein Fichtenzapfen je Kind

Wir halten die Stöcke jeweils am Ende fest und parallel nebeneinander. Nun balancieren wir darauf einen Fichtenzapfen. Wir gehen langsam, schneller, rückwärts, steigen über Äste, hüpfen ... und probieren, unser Gleichgewicht zu halten. Wenn ein Zapfen hinunterfällt, lachen wir zusammen; es soll ja kein Wettkampf sein.

Stöcke-Tanz zu zweit (gemeinsam mit älteren Kindern)

Material: Für jedes Kind ein fingerdicker, armlanger Stock mit runden Enden

Jeweils zwei Kinder stellen sich gegenüber mit erhobenen Händen und halten die beiden Stöcke gegenseitig zwischen den Handinnenflächen. Sie bewegen sich – möglichst ohne zu sprechen –, führen und werden geführt, tanzen ...

Stöcke-Turm

Material: Viele gesammelte Stöcke

Jedes Kind hat einen oder mehrere Stöcke, mit denen wir gemeinsam einen Turm bauen: Zwei Stöcke werden auf den Boden hingelegt, und zwar parallel nebeneinander. Drauf werden zwei Stöcke parallel und quer zu den ersten gelegt, dann wieder zwei darauf in der Richtung der ersten usw., sodass immer zwei Stöcke kreuzweise auf den anderen liegen und ein Turm entsteht. So können wir nach Stockspielen die benutzten Stöcke wertschätzend aufräumen.

2.6.3 Spiele mit viel Bewegung – auch zum Aufwärmen

Förderband

Material: Plätze mit viel Laub, Sand oder Schnee

Wir bilden Gruppen von fünf oder mehr Kindern. Jede Gruppe sucht sich einen Platz etwas entfernt von der anderen Gruppe und die Kinder knien dicht nebeneinander in einer geraden Linie. Auf ein Startsignal hin beginnt an einem Ende der Linie das jeweilige Kind möglichst viel Laub, Sand oder Schnee zwischen beide Hände zu fassen und gibt diese Portion schnell weiter an das neben ihm hockende Kind, dieses gibt es weiter und so die Reihe durch bis zum anderen Ende des „Förderbandes“. Das erste Kind greift immer wieder eine neue Portion Material und gibt sie weiter. Am Ende des „Förderbandes“ baut das letzte Kind einen hohen Haufen mit dem Material.

Nach ein paar Minuten ertönt wieder ein Signal und die „Förderbänder“ stoppen. Aus den Haufen bauen wir Zwergenhöhlen, Burgen, Igelverstecke o. Ä.

Leittier (gemeinsam mit älteren Kindern)

Material: Platz für verschiedene Bewegungsmöglichkeiten

Ein Kind spielt das „Leittier“. Dieses erhält ein Erkennungszeichen, einen Zweig in der Hand, eine Krone o. Ä., und führt die Gruppe mit unterschiedlichen Bewegungen: Es hüpft, krabbelt unter einem Busch hindurch, klettert auf einen Baumstumpf, setzt sich, geht rückwärts usw. Die anderen Kinder ahmen die Bewegungen nach. Nach einer Weile wird gewechselt.

Variante: Ein Erwachsener übernimmt die Rolle des Leittiers. So können wir den Kindern auch seltenere Bewegungen vorgeben, z. B. auf Zehenspitzen oder auf den Hacken gehen.

Stampfen im Kreis

Material: Platz für einen großen Kreis

Wir stehen im Kreis, fassen uns an den Händen. Nun stampfen wir rhythmisch mit den Füßen in wechselnder Lautstärke und Geschwindigkeit. Finden wir einen gemeinsamen Rhythmus?

Astkutsche

Material: Ein großer, abgebrochener Ast mit vielen Zweigen

Ein Kind legt sich auf den Ast und hält sich mit beiden Händen gut am Ast fest. So können Erwachsene oder größere Kinder die Kleinen hinter sich herziehen.

2

Schnee-Engel

Material: Freie Plätze mit Schnee

Wir lassen uns rückwärts ausgestreckt in den Schnee fallen. Nun bewegen wir wie ein Hampelmann Arme und Beine. Vorsichtig stehen wir wieder auf, vielleicht mithilfe einer anderen Person. So entsteht die Form eines Engels mit Flügeln und Kleid.

Laubberg im Herbst

Material: Laub – weit entfernt von Hundehaufen sammeln

Wir tragen Laub zusammen zu einem Blätterberg. Nun hüpfen die Kinder hinein, legen sich darauf, graben sich bis zum Kopf ein, werfen die Hände voller Blätter nach oben und lassen es Blätter regnen, polstern sich unter den Jacken einen dicken Bauch.

Purzelbärchen

Material: Hang mit weichem Untergrund wie Laub oder Moos

Die Kinder üben auf der Schräge Purzelbäume oder rollen seitwärts hinunter. Im 2. Schritt üben sie, einen Purzelbaum den Hang *hinauf* zu machen. Junge Bären schaffen das leicht.

Barfuß-Blüten

Material: Blühende Wiese, die wir betreten dürfen, und warmes Wetter

Wir gehen barfuß zu einer blühenden Wiese und pflücken einige Blumen. Dann stecken die Kinder die bunten Blüten zwischen ihre Zehen und laufen los. – Du hast deine Blüte verloren? Wie heißt sie, welche Farbe hat sie?

Blütenbad

Material: Blüten, Wasser (Pfütze, Bach, Planschbecken ...)

Wir geben den Blüten Namen und legen sie ins Wasser. Jetzt dürfen die Kinder ihre Füße im Blumenmeer baden und mit Händen und Füßen nach den schwimmenden Blüten angeln.

Fußgreifer

Material: Kleine Steine, Stöckchen, Eicheln, Nussschalen u. Ä.

Wir stellen oder setzen uns barfuß in einen Kreis. Nun versuchen wir, die Gegenstände mit den Füßen zu greifen und weiterzugeben zum Nächsten oder in ein Nest in der Mitte zu werfen.

Zauberstein (gemeinsam mit älteren Kindern)

Material: Ein ebener Platz, ein schöner Stein zum Greifen

Die Gruppe verabredet Bewegungen für drei bis vier verschiedene Tiere, zum Beispiel aus dem Kinder-Yoga:

* Ameisen im Haufen laufen wild durcheinander, ohne sich zu stoßen (!).
* Ameisen auf einer Ameisenstraße gehen oder krabbeln in einer Linie.
* Schmetterlinge setzen sich, legen die Fußsohlen aneinander und fassen diese mit den Händen; als Flügelschlag bewegen sie die weit auseinanderliegenden Knie auf und ab.
* Bienen stehen mit nach vorne gebeugtem Oberkörper, strecken die gestreckten Arme als Flügel nach hinten und bewegen sie auf und ab.
* Hummeln sitzen im Schneidersitz und bewegen die zur Seite gestreckten Arme als Flügel auf und ab.

Nun nimmt ein Kind den „Zauberstein" und lauscht: „Mir sagt der Zauberstein: Wir sollen alle Bienen ... sein!" Alle bewegen sich wie eingeübt. Dann nimmt ein anderes Kind den „Zauberstein", hört ihm zu und wählt ein Tier usw.

2.6.4 Spiele mit Naturkunde

Fernrohr

Material: Papprollen von Küchenpapier, doppelseitiges Klebeband, Schere, kleine Fundstücke

Das Klebeband schneiden wir passend zu, drücken es auf die Papprollen und ziehen die Folie ab. Nun können wir Fundstücke darauf kleben: Gräser, Blüten, Blätter, Tannennadeln.

Dann spielen wir Forscher und konzentrieren uns mit dem Fernrohr auf einen Ausschnitt beim Betrachten eines Baumes, eines Blattes, des Himmels ... und beschreiben, was uns auffällt.

Mikroskop

Material: Kartonpapier in DIN-A6-Größe, Schere, Klebestreifen, kleine Fundstücke

Wir falten das Papier in drei gleich große Flächen: Der mittlere Teil wird der Boden, die beiden Seiten knicken wir nach oben wie zu einem Zelt. In eine Seite schneiden wir ein Guck-Loch von 2–3 cm Durchmesser. An der Spitze des Dreiecks kleben wir die beiden Seiten mit einem Klebestreifen zusammen. Nun können wir ein Blatt, eine Blüte o. Ä. hineinlegen und betrachten.

Blattformen(gemeinsam mit älteren Kindern)

Material: Auf einem großen hellen Tuch liegen vier verschiedene Grundformen von Baumblättern:

* Glatte ovale Form wie Buche und Haselnuss
* Gefiederte Form wie Esche und Eberesche
* Dreiteilige Form wie Ahorn
* Lanzenartige Form wie Weide

Die Kinder suchen im Wald verschiedene Blätter und ordnen sie den Grundformen zu. Die natürliche Formenvielfalt wird wahrgenommen und gleichzeitig die übergeordneten Grundtypen.
Für Größere: Wie nennen wir die verschiedenen Nuancen von Grün? – sonnengrün, quietschgrün, froschgrün, braungrün ...

Wald-Memory (gemeinsam mit älteren Kindern)

Material: Helles Tuch und drei bis fünf Fundstücke mit verschiedenen Farben und Formen

Auf die eine Hälfte des Tuches legen wir z. B. Stein, grünes Blatt, verwelktes Blatt, Feder o. Ä. Nachdem die Kinder dies anschauen durften, decken wir es mit der freien Tuchhälfte zu. Alle suchen nun gleiche Gegenstände und gemeinsam vergleichen wir die Fundstücke mit den Gegenständen auf dem Tuch.

Waldschätze raten (gemeinsam mit älteren Kindern)

Material: Ein Platz zum Hinlegen und vielerlei Naturmaterial

In kleinen Gruppen legt oder setzt sich je ein Kind auf den Boden. Es hält eine Hand mit dem Handrücken nach oben, die andere Hand mit der Innenfläche nach oben. Die Augen sind geschlossen oder verbunden (Vertrauenssache!). Die anderen der Gruppe suchen zwei oder drei verschiedene Naturgegenstände.

Ein Kind nach dem anderen kniet sich neben das liegende/sitzende Kind. Es berührt nach vorheriger Ankündigung (wichtig!) erst die zwei verschiedenen Handseiten, dann die Stirn mit einem Gegenstand. Der Liegende/Sitzende rät, mit was er berührt wird. Wenn es zu schwierig ist, darf er den Gegenstand greifen. Wer die Augen öffnet, darf es noch einmal probieren.

Schneckenlauf (gemeinsam mit älteren Kindern)

Material: Ein ebener Platz

Die Kinder bilden zwei gleich große Gruppen, die sich im Abstand von ca. 7 Metern gegenüber aufstellen. Jede Gruppe stellt eine Schnecke dar, die sich langsam vorwärts auf die andere zubewegt: Sie stehen breitbeinig dicht hintereinander. Auf ein Zeichen hin krabbelt dabei das jeweils letzte Kind einer Reihe durch die Beine der vor ihm stehenden Kinder und stellt sich am Schneckenkopf wieder auf. Das ähnelt der Wellenbewegung einer kriechenden Schnecke. Irgendwann treffen sich die beiden Schnecken und begrüßen sich.

Schneckenspirale (gemeinsam mit älteren Kindern)

Material: Ein ebener Platz

Wir stehen im Kreis und fassen uns an den Händen. Zwei lassen los: Ein Kind ist der Kopf, das andere das Hinterteil der Schnecke. Der Kopf führt nun die anderen Kinder als Schneckenkörper in einer Spirale in die Mitte und dann unter hochgehobenen Armen hindurch wieder nach außen.

Schlangenhäutung (gemeinsam mit älteren Kindern)

Material: Ein ebener Platz

Die Kinder stellen sich in einer Reihe hintereinander auf. Das Kind ganz vorne legt sich ausgestreckt auf den Bauch vor die Reihe. Nun geht ein Kind nach dem anderen vorsichtig breitbeinig über die vor ihm liegenden Kinder und legt sich davor. Wenn alle Kinder in der Reihe liegen, hat sich die Schlange gehäutet.

Schatzsuche mit Herbstfrüchten

Material: Große Blätterhaufen, verschiedene Herbstfrüchte wie Kastanien, Eicheln, Bucheckern, Nüsse, Hagebutten

Wir tragen einen großen Blätterhaufen zusammen. Dann schauen wir uns verschiedene Herbstfrüchte an, beschreiben sie und nennen ihre Namen. Vielleicht sagen wir einen passenden Spruch oder singen ein Lied dazu.
Nun dürfen die Kinder die Früchte in dem Laubhaufen verstecken. Wenn alle Hände leer sind, stellen wir uns in einen Kreis. Entweder sucht ein Kind nach dem anderen jeweils einen Schatz unter dem Laub oder – bei kleinen Gruppen – alle gemeinsam. Vielleicht wollen Kinder ihre Schätze in ihre Jackentasche stecken und mit nach Hause nehmen, ansonsten können wir sie alle in einem Korb sammeln als Material für spätere Kunstwerke oder wir legen gleich ein Mandala (s. Kap. 3.3.7).

Igel im Winterschlaf

Material: Großer Blätterhaufen

Ein Kind darf sich in den Blätterhaufen setzen und wird von den anderen mit Laub zugedeckt. So schläft der Igel im Winter gut geschützt. Die anderen Kinder stehen drumherum, legen die Köpfchen auf ihre Hände, schnarchen und wünschen guten Schlaf. Auf ein Signal hin kommt die wärmende Sonne. Der Igel wacht auf, guckt aus seinem Versteck hervor und krabbelt langsam heraus. Wahrscheinlich hat er großen Hunger. Alle, die wollen, dürfen auch mal Igel spielen.

Grashalm

Material: Lange Grashalme

Wir pflücken lange Grashalme. Die Kinder bilden Paare. Jedes Kind nimmt seinen Grashalm in den Mund, die ganz Kleinen zwischen

Zeigefinger und Daumen. Dann versuchen sie jeweils ihr Gegenüber so im Gesicht zu kitzeln, dass es lachen muss. – Viele Tiere orientieren sich mit dem Tastsinn des Gesichts, wenn sie durch Wiesen oder Unterholz streifen, und verfügen über eine große Geschicklichkeit der Mund- bzw. Schnabelmuskulatur beim Fressen und Füttern.

Rhythmusorchester

Material: Stöcke, Steine, Büschel aus trockenen Blättern, trockene Fichtenzapfen u. Ä.

Jedes Kind nimmt sich ein improvisiertes Instrument und erzeugt Geräusche, z. B. reibt es zwei Zapfen aneinander. Im Kreis stehend gibt einer den Rhythmus vor, die anderen hören und schwingen sich ein.

Tierorchester (gemeinsam mit älteren Kindern)

Material: Tierbilder von Vogel, Fuchs, Specht, Eichhörnchen, Eule, Rehkitz und Igel und Naturmaterial: Steine, Stöcke, Rinde, Laub

Die Kinder bilden sieben Grüppchen, von denen jeweils eins ein Tierbild bekommt. Die Kinder nehmen sich dazu passendes Material.

Ein Erwachsener liest das Gedicht vor, während die Kinder die angegebenen Töne erzeugen, entweder nacheinander wie im Text vorgegeben oder nach Lust und Laune.

„Die Vögel ihre Flügel schwingen, seid ihr ganz still, hört ihr sie singen
(– pfeifen oder singen: dirilüt ... zizibä ... tsitsitsi ... –)

Der rote Fuchs, der ist sehr schlau,
er schleicht heraus aus seinem Bau
(– Blätter rascheln oder Rinde leicht beklopfen –)

Den Specht hört man von Weitem schon,

tok,tok,tok erklingt sein Ton
(– Hölzer oder Steine aneinander klopfen –)

Das Eichhörnchen hüpft ganz geschwind,
von Ast zu Ast schnell wie der Wind
(– mehrmals „Husch!" sagen –)

Die Eule ruft schuhuu, schuhuu!
Schaut hoch vom Baum den andern zu
(– in hohle Fäuste reintönen –)

Ein zartes Reh, noch scheu und klein,
spaziert im Wald so ganz allein
(– kleine Steine aneinanderklopfen für Trippelschritte –)

Der Igel sich im Laub versteckt,
damit ihn keiner dort entdeckt."
(– mit Laub rascheln –)

(Späth, 2015, S. 20)

Windspiel

Material: Ein Platz zum Liegen

Ein Erwachsener spricht das Gedicht und klatscht dazu den Sprechrhythmus. Die Kinder spielen Wind und bewegen sich nach dem Rhythmus, bis sie sich am Schluss still auf den Boden legen:

„Jetzt kommt der Wind!
Er sauset und brauset und bläst alle Blätter vom Baume herunter.
Da tanzen sie lustig, da tanzen sie munter.
Sie schweben und wirbeln und drehn sich im Kreise;
und fallen am Ende der lustigen Reise
zur Erde – ganz leise."

(Späth, 2015, S. 61)

Jahreszeiten

Material: Ein Platz zum Sitzen

Alle sitzen mit etwas Abstand im Kreis. Ein Erwachsener erzählt und macht die Bewegungen einer Pflanze während des Jahreslaufes vor, die Kinder ahmen sie nach.

* Im Winter sitzt die Pflanze klein, schwach und zusammengekauert auf dem Boden.
* Die stärker werdenden Sonnenstrahlen im Frühling wecken die Pflanzen behutsam auf, diese erheben sich langsam.
* In der warmen Sommersonne entfalten die Pflanzen ihre Arme, die Blumen öffnen ihre Blüten und stehen aufrecht.
* Nun kommt der Herbst: Die Sonnenstrahlen werden weniger. Die Pflanzen beginnen in sich zusammenzusinken. Auch fallen die Blüten und Blätter langsam ab.
* Im Winter sitzt die Pflanze wieder zusammengekauert und ganz still auf dem Boden.

Elfen-Geschenke

Material: Schöne Naturschätze und Walnussschalen mit Edelsteinchen, Nüssen, Datteln

Wir sammeln kleine Naturschätze, die uns gefallen. In kleinen Gruppen suchen wir dann Elfen-Wohnplätze – besonders schöne Orte wie eine Höhle zwischen Baumwurzeln, ein bemooster Baumstumpf o. Ä. Dort legen wir gemeinsam das Gesammelte nieder als Geschenk für die Elfen – in der Form eines Mandalas, auf Mooskissen oder in große Blätter gewickelt. Jetzt bekommen die Kinder eine andere Aufgabe.

Erwachsene legen heimlich an die Elfen-Plätze Geschenke für die Kinder.

Später laden wir die Kinder ein, an ihren Plätzen zu schauen. – Oh, die Elfen waren da ...

In der traditionellen Erzähltradition gehören die Elfen zum Element Feuer (wie die Salamander), Zwerge bzw. Gnome zur Erde, Nymphen bzw. Undinen zum Wasser und Feen bzw. Sylphen zur Luft (siehe auch Kinderbücher).

2.6.5 Spiele für Entspannung

Kinder erleben heute Stress durch eine Flut von Sinneseindrücken und Programmangeboten sowie durch häufig wechselnde Betreuungspersonen und unsichere Bindungen. Vor allem wenn keine regelmäßige Erholung stattfindet, geraten Kinder in einen Zustand von Dauerstress. In ständiger Alarmbereitschaft schüttet ihr Organismus

Kortisol aus. Dieses Stresshormon ist für das wachsende Gehirn ein Nervengift.

Kinder sollten schon früh erfahren, wie wichtig es ist, zur Ruhe zu kommen, sich zu entspannen. Ein Wechsel von Anspannung und Entspannung fördert die Selbstregulierung. Die Entspannungsspiele helfen Kindern, den eigenen Körper kennenzulernen, ein differenziertes Körpergefühl zu entwickeln und die Qualität von Ruhe zu verinnerlichen.

Zapfen-Entspannung

Material: Trockene Kiefern- oder Fichtenzapfen

Die Kinder setzen sich zu zweit zusammen und rollen sich gegenseitig den Zapfen über den Rücken, die Arme und überall, wo sie es wünschen. Das kann im Sitzen, im Stehen oder in der Bauchlage geschehen.

Heiße Steine

Material: Glatte Steine in der Größe einer Kinderhand, Handcreme und Sonne

Wir waschen die Steine und legen sie für ca. 1 Stunde in die Sonne. Die warmen Steine cremen wir mit einer Handcreme ein. Paarweise oder jeder für sich kann man sich mit den Steinen über Arme und Beine streichen oder Rücken und Nacken massieren.

Regen

Material: Ein Platz zum Liegen

Ein Kind liegt in der Mitte und die anderen spielen mit den Händen den Regen, auch paarweise möglich. Ein Erwachsener beschreibt, was geschieht:

* Es tröpfelt. – *einzelne Finger auf den Körper tippen* –
* Die Tropfen werden größer. – *etwas fester tippen* –
* Es regnet richtig. – *alle Finger ganz schnell klopfen* –
* Es hagelt. – *mit den Fäusten klopfen* –
* Leise rieselt der Schnee. – *vorsichtig die Arme von oben nach unten führen und die Finger leicht bewegen* –
* Er deckt alles zu. – *Hände auflegen* –
* Die Sonne scheint wieder. – *mit Händen sanft über den Körper streichen* –

Barfuß-Weg

Material: Ein Pfad mit unterschiedlichem Untergrund, frei von Hindernissen, ein langes Seil

Wir spannen ein Seil zwischen verschiedenen Bäumen, an dem sich die Kinder festhalten können. So wird ein kleiner Weg markiert. Wir ziehen Schuhe und Strümpfe aus. Dann gehen wir ganz langsam und in weitem Abstand an dem Seil entlang und spüren mit den Füßen. Wie fühlt sich Nadelboden, Laubboden, Gras, Moos, Steine, Rinde, Matsch an?

Geräusche

Material: Ein ebener Platz zum Liegen

Die Kinder legen sich in einen Kreis. Dabei liegt jeweils der Kopf auf dem Bauch eines anderen. Mit den Ohren hören wir auf die Bauchgeräusche – ein Brummeln, Glucksen, Rumpeln ...

Wolkenbilder

Material: Ein ebener Platz zum Liegen und blauer Himmel mit Wolken

Wir liegen auf dem Rücken und schauen in die Wolken. Was sehen wir da? Vielleicht ein Schaf oder ein Motorrad oder eine Schlange, die sich bewegt ...?

Blumenalltag

Material: Ein Platz zum Sitzen

Wir erzählen die Geschichte der Blumen während eines Tages von morgens bis abends und zeigen die dazugehörigen Bewegungen. Jedes Kind stellt eine Blume dar.

* Nachts schlafen die Blumen. – *Wir kauern auf dem Boden.* –
* Sobald die Sonne langsam ihre warmen Strahlen am Morgen schickt, erwachen auch die Blumen und öffnen langsam ihre Blütenblätter. – *Wir blinzeln, recken und strecken uns, stehen langsam auf und öffnen die Arme.* –
* Tagsüber freuen sich die Blumen über die Bienen und Schmetterlinge. – *Wir vollführen einen Freudentanz.* –
* Gegen Abend und wenn die Sonne langsam wieder untergeht, legen sich auch die Blumen langsam wieder schlafen und schließen ihre Knospen. – *Wir kauern wieder auf dem Boden.* –

2

2.7 Naturkunde: Lernen durch Sinneserfahrung

Viele Naturerscheinungen nehmen wir Erwachsenen durch die Augen der Kinder neu wahr: die Einzigartigkeit eines jeden Steins, das Glitzern von Tau in Spinnennetzen, die Schönheit von Flechten, die kunstvollen Gänge der Borkenkäfer im Fichtenholz, das Knarren von Bäumen im Wind, die Entschleunigung einer kriechenden Schnecke oder die winzigen Tierchen im Waldboden.

Für Kinder sind gemeinsames Wahrnehmen und Staunen wichtig, denn dies nährt die Verbundenheit und ist oft mit Gefühlen der Dankbarkeit und Ehrfurcht verbunden. Für solche gemeinsamen Erlebnisse in der Natur gibt es tausend Anlässe – hier nur einige Kostproben:

Waldameisen bauen große Hügel, auf denen wir das höchst effektive Gewimmel genau beobachten können: Welche Ameise zieht welche Last wohin? Finden wir eine Ameisenstraße? Was passiert, wenn wir auf eine Ameisenstraße ein Stöckchen legen? Bitte etwas Abstand halten, damit wir die Ameisen nicht zu sehr stören und sie uns nicht ins Hosenbein krabbeln.

Faszinierend sind **Schmetterlinge**, die während eines Sonnenbades auf Blüten oder auch mal auf dem Weg ihre farbenprächtigen Flügel ausbreiten und dann weiterflattern. Der erste Zitronenfalter kündigt den Frühling an; seine Körperflüssigkeit enthält ein Frostschutzmittel für die Winterruhe. Andere häufige fliegende Farbtupfer sind der orangene Dukatenfalter, der Bläuling, der Kleine Fuchs mit seinen schwarzen Flecken auf rotbraunem Grund, das Tagpfauenauge mit seinen vier deutlichen Augenpunkten, der Kohlweißling. Vor allem an Brennnesseln findet man Raupen und dann die Puppen vieler Schmetterlingsarten.

Wir folgen einer **Hummel** von Blüte zu Blüte und lernen ihre Arbeit kennen, vielleicht sogar ihr Nest in einer Baumhöhle oder einem Erdloch.

Winzige **Bodenbewohner** verarbeiten Laub und Nadeln zu nährreichem Humus. Wir können sie entdecken, indem wir auf ein helles Tuch Laub- und Erdhäufchen legen und schauen, was da alles kriecht, krabbelt oder hüpft.

In **Gewässern** finden wir viele winzige Kleintiere: Zum Beispiel die sich fortbewegenden Röhrchen aus kleinen Steinen; das sind die Köcher, in denen die Larven der Köcherfliege wachsen. Unter Steinen auf dem Gewässergrund tummeln sich die flachen, grauen Wasserasseln und die oft etwas eingerollten Bachflohkrebse. Über Teiche und große Pfützen flitzen die langbeinigen Wasserläufer und nutzen dafür die Oberflächenspannung des Wassers.

Im Frühjahr erleben wir an Teichen die **Frösche und Kröten** – vielleicht sogar ein beeindruckendes Quak-Konzert und die Eiablage: Die Kröten legen in langen Gallert-schnüren mehrere Tausend Eier ab, die Frösche in Klumpen. Nach ein paar Wochen wimmelt es dort von Kaulquappen. Später klettern die hüpfenden Babys an Land und suchen Schutz im Wald, manchmal sind es Hunderte. Naturschutzverbände suchen im März und April Helfer, die entlang der Krötenzäune am Straßenrand die Kröten in Eimer einsammeln und sicher über das tödliche Hindernis tragen. Eine spannende gemeinsame Umweltaktion.

Wenn wir an einer Flugbahn von **Zugvögeln** wohnen, zeigen wir den Kindern die laut rufende Vogelschar oder die keilförmig fliegenden Kraniche mit ihren „kran“-langen Hälsen und erzählen von ihren weiten Reisen.

Zu Frühjahrsbeginn steigen die **Säfte in den Baumstämmen** hörbar von den Wurzeln zu den Baumkronen. Wenn wir an einem warmen Tag ein Ohr an einen glatten Birken- oder Buchenstamm halten, hören wir das leichte Rauschen. Ein Stethoskop wirkt wie ein Verstärker.

Viele Tiere oben auf den Bäumen nutzen das „**Baumtelefon**" als Warnanlage. Denn der Marder zum Beispiel hat das Eichhörnchen „zum Fressen gern". Er schleicht nachts auf die Bäume. Doch der Baumstamm verrät ihn und gibt das leiseste Geräusch durch seine innenliegenden Leitungen nach oben weiter. Das können wir an einem liegenden Baumstamm überprüfen: Wer sein Ohr an das eine Ende des Baumstammes hält und eine Person bittet, am anderen Ende zu klopfen, hört die Geräusche verblüffend deutlich.

Ab Ende Februar blüht an sonnigen Tagen die **Haselnuss**. Die männlichen Samen öffnen sich als lockere Zöpfchen; die weiblichen Knospen tragen winzige, rote Pinsel; dort wachsen später die Haselnüsse.

An schattigen Plätzen wächst das **Springkraut** mit kleinen gelben Blüten. Seine reifen Samenschoten explodieren bei Berührung und der Samen springt heraus – ein spannender Versuch für kleine Kinderhände.

Ab Spätsommer entdecken wir am Wegesrand die **Samenstände der Wilden Karde**, meistens über den Köpfen der Kinder. Sie sehen aus wie braune, stachelige Igel. Vielleicht sehen wir im Winter auch einen Vogel, der sich die winzigen Samenkörner herauspickt.

Nach Stürmen finden wir am Boden Äste mit **Flechten**, die oft mit Moos verwechselt werden. Sie sind eine Symbiose von Pilz und Alge, weiß-grün bis grün, und sehen oft zerzaust aus. Es gibt auch flache, gelbe Flechten auf Rinde und Steinen. Form und Konsistenz sind ein spannendes Sinneserlebnis.

Das ganze Jahr über kann man **Harz an Nadelbäumen** finden: Wildtiere, ein Specht oder Waldarbeiter verletzen die Baumrinde und es tritt das gelbliche Harz aus mit seinem typischen Geruch. Zwischen den Fingern bleibt es kleben (mit Speiseöl zu entfernen). Mehrere Monate lang getrocknetes Harz ist hart und über einer starken Wärmequelle lösen sich seine gesunden ätherischen Öle.

Ein **Nachtspaziergang** ist auch für Zwei- bis Dreijährige ein unvergessliches Erlebnis. Nach einem Mittagsschlaf sind die Kleinen noch aufnahmefähig. Für den Notfall nehmen wir Taschenlampen mit.

* Welche Form hat heute der Mond? Wir nehmen sein charakteristisches Licht wahr.

* Im Sommer fliegen die männlichen Glühwürmchen an Waldrändern und Hecken, die Weibchen kriechen larvenähnlich am Boden.
* Fledermäuse huschen durch die Luft an Mauern und Scheunen, in Waldnähe, an Höhlen.
* Die gelb leuchtenden Nachtkerzen ziehen mit ihrem Duft Nachtfalter an. Manche stehen im Schwirrflug vor der Blüte und können sogar rückwärts fliegen.
* Hängen wir eine Taschenlampe an einer Schnur in einen Baum und dahinter ein helles Tuch, können wir in aller Ruhe die Nachtinsekten beobachten, die durch den Lichtstrahl angezogen werden – ohne zu verbrennen wie an einer Kerze!

Wenn **Schafe** in der Nähe sind, lohnt es sich, einen Ausflug dorthin zu unternehmen. Nach Absprache dürfen wir vielleicht ihr weiches Fell fühlen oder sie füttern mit Löwenzahn oder Äpfeln, vielleicht gibt es gerade Lämmer ... Ein besonderes Sinneserlebnis ist geschorene Schafwolle, die wir vom Schäfer bekommen. Wir können kleine Mengen auch waschen. Die an der Luft getrocknete Wolle zupfen wir auseinander und verwenden sie zum Spielen und Basteln.

Naturkundeaktionen

Diese Aktionen haben Laborcharakter. Sie machen die Kinder mit der Lebensweise kleinerer Tiere vertraut. Durch die Pflege erleben sie Respekt und Verantwortung. Wir bringen die Tiere nach einigen Tagen an ihren natürlichen Lebensort zurück, gemeinsam mit den Kindern und mit einem Dankeschön.

Regenwurmglas

Wir brauchen ein großes Einmachglas, Gartenerde, Sand und Futter.

Das Glas befüllen wir mit mehreren Schichten von jeweils ca. 4 cm aus verschiedenfarbigen Bodenarten, zum Beispiel Gartenerde und Sand. Darauf legen wir Blätter, Gemüse oder Obst und feuchten es an. Für die Luftzufuhr den Deckel des Glases mit ausreichend Luftschlitzen versehen. Hitze ist für Regenwürmer tödlich, also schützen wir sie vor Sonne. Nun setzen wir zwei Regenwürmer in das Glas und schließen es. Wichtig ist Feuchtigkeit und täglich frisches Futter. Die

Würmer ziehen das Futter in die Erde und vermischen die Erdschichten. Die Ausscheidungen des Regenwurms sind bester Humus.

Assel-Terrarium

Wir brauchen ein großes Einmachglas, Sand, Steine, Rinde, frisches Moos, zwei getrocknete Eichen- oder Buchenblätter und vielleicht ein ausgegrabenes Gänseblümchen, das wir mit ein paar Tropfen Wasser regelmäßig gießen.

Auf den Sand legen wir die Steine, Rinde, Blätter und das Moos. In die feuchte Moosschicht können wir ein Gänseblümchen pflanzen. Das Terrarium verschließen wir mit einem luftdurchlässigen Deckel und stellen es an einen schattigen Platz.

Nun setzen wir höchstens drei Mauerasseln hinein. Sie besiedeln feuchte, dunkle Orte, zum Beispiel unter Steinen und der Rinde von Totholz.

Schnecken-Terrarium

Wir brauchen ein großes Einmachglas oder ausgedientes Aquarium, einen luftdurchlässigen Deckel, Fliegengitter oder Gaze, feuchte Erde, frei von Kleintieren, Laub, Aststücke, eine niedrige Schale (Blumentopfuntersetzer o. Ä.) für Wasser und Schneckenfutter.

Der Boden sollte relativ weich sein, damit die Schnecken beim Runterfallen ihr Haus nicht verletzen. Der Deckel muss Luft durchlassen. Wir stellen das „Schneckarium“ an einen schattigen Platz.

Bei feuchtem Wetter sammeln wir zwei oder drei Weinbergschnecken und setzen sie in ihr kurzfristiges neues Zuhause. Sie stehen zwar unter Naturschutz, doch zu Forschungszwecken darf man sie im Terrarium halten.

Als Futter eignet sich alles Grüne und biologisches Obst und Gemüse. Wenn das Futter fault oder schimmelt, tauschen wir es gegen frisches aus. Die kleine Wasserpfütze wechseln wir alle zwei Tage und sprühen etwas Feuchtigkeit ins Terrarium. Schnecken hinterlassen Schleimspuren, die hygienisch unbedenklich sind. Die Wände des Glases reinigen wir mit einem nassen Tuch ohne Spülmittel, Kot nehmen wir mit einem Papiertuch heraus.

Die Schnecken können wir auch auf die Hand nehmen. Wir halten einen Finger vor die Schnecke und lassen sie darauf kriechen – wir ziehen niemals an ihrem Haus!

Marienkäfer-Aufzucht

Wir brauchen ein großes Einmachglas, ein kleineres Wasserglas, ein Stück Papier, ein Haushaltsgummi und einen Stiel mit Blattläusen. Wir befüllen das Wasserglas mit Wasser, verschließen es mit Papier und Gummi und stellen es in das große Einmachglas hinein.

Draußen suchen wir an Pflanzenstängeln mit Blattläusen eine große Marienkäferlarve. Der Stängel wird abgeschnitten und durch das Papier hindurch ins Wasserglas gestellt. Das Papier verhindert, dass die Larve ins Wasser fällt. Das große Glas verschließen wir mit einem luftdurchlässigen Deckel und stellen es an einen schattigen Platz. Die Käferlarve können wir nun beim Fressen der Blattläuse beobachten. Jeden Tag schauen wir nach, ob noch genügend Blattläuse an der Pflanze sind, und holen sonst einen neuen Stängel mit Läusen. Vielleicht häutet sich die Larve, vielleicht verpuppt sie sich auch sehr bald. Nach fünf bis sechs Tagen Puppenruhe schlüpft der Marienkäfer. Ihn bringen wir raus in die Natur und lassen ihn fliegen.

Schmetterlings-Aufzucht

Wir brauchen ein großes Einmachglas oder ausgedientes Aquarium mit Deckel, Fliegengitter oder Gaze, kleines Einmachglas mit Deckel und Wasser, frische Brennnesseln.

Die Raupen finden wir im Frühsommer an Brennnesseln, z. B. vom Tagpfauenauge oder Kleinen Fuchs. Die Entwicklung erfolgt in kurzer Zeit und schon nach wenigen Wochen schlüpfen die Falter. Aus Naturschutzgründen sollte man höchstens drei Raupen nehmen.

Um die Brennnesseln frisch zu halten, stellen wir sie ins Wasser. Dafür stanzen wir in den Deckel des kleinen Einmachglases zwei bis drei Löcher und stecken die Stiele hindurch. Alle Löcher sollten mit Brennnesseln belegt sein, damit keine Raupe durch ein Loch in das Glas kriechen und ertrinken kann. Das Futter erneuern wir nach drei Tagen. Hierzu kann man ein weiteres Glas mit frischen Brennnesseln hinzustellen, sodass sich die Blätter berühren.

Die ausgewachsenen Raupen kriechen an die Decke, um sich kopfüber festzuspinnen (Stürz-Puppe), manchmal auch an einem Stängel der Futterpflanze. Nach zwei Tagen verwandelt sich die Raupe dann in die Puppe, die keine weitere Pflege benötigt.

Nach ein bis zwei Wochen kündigt sich das Schlüpfen des Schmetterlings durch Verdunkelung der Puppenfarbe an. Und dann schlüpft der Falter! Vom Aufbrechen der Puppenhülle bis zum Aufpumpen der Flügel vergehen nur wenige Minuten. Dann müssen die Flügel eine halbe Stunde trocknen, bis sie fest genug für die ersten Flugversuche sind. Der schlüpfende Schmetterling scheidet eine Art Kot aus, der wie Blutstropfen aussieht, aber unbedenklich ist. Spätestens am zweiten Tag setzen wir die Falter um die Mittagszeit ins Freie, bei kühlem und nassem Wetter an einen regengeschützten Ort, der vor Fressfeinden sicher ist. Es kann sein, dass der Schmetterling dort noch verweilt, bis ihm warm genug ist.

Vogel- und Insektentränken

Vögel und Insekten haben auch Durst. Wir unterstützen ihr Wohlbefinden in unserer Umgebung, indem wir ihnen Wasser anbieten, und können sie beim Trinken beobachten.

Wir stellen an unserem Naturplatz oder im Garten eine flache Schale auf und wechseln täglich das Wasser. Die Schale sollte geschützt stehen vor Fressfeinden und tobenden Kindern. Dann können die Vögel hier trinken und vielleicht auch ein Bad nehmen.

Für Schmetterlinge, Bienen und andere Insekten bedecken wir den Boden einer großen, flachen Schale mit Sand, der täglich befeuchtet wird. Hier tauchen die Tiere vor allem in trockenen Sommern ihre Rüssel hinein und trinken.

3 Angeleitete Werkstätten draußen

Kinder im 2. und 3. Lebensjahr beginnen erst langsam, sich für Werken und Bauen zu interessieren. Oft wollen sie den Größeren einfach zuschauen oder nur mit dem fertigen Produkt spielen. Motivierend für sie ist es, wenn die Großen mit Freude etwas herstellen und wenn sie diesen Prozess immer wieder erleben dürfen.

Während die Größeren werken, **können** sie die Kleinen dazu einladen, einfache Aufgaben zu übernehmen, zum Beispiel Holz, Zapfen, Blätter oder Löwenzahn zu sammeln, mit dem Sparschäler einen Ast zu schälen, Schnur abzuschneiden, Steine zu zerreiben und Farbe anzurühren, Wolle zu zupfen usw. Nachahmend und ohne Druck öffnen sie sich am ehesten für die Aktivitäten und wollen in ihrem eigenen Tempo „selber machen“.

3

3.1 Schutz von Natur und Kindern

Verantwortungsvolles Sammeln von Naturmaterial bedeutet praktisch:

* Wir nehmen eher abgefallene Blätter, anstatt frische zu pflücken, und
* Blüten, die in großer Anzahl auftreten, wie Löwenzahn, Gänseblümchen, Klee.
* Rinde holen wir von gefällten oder umgestürzten Baumstämmen, da Rinde lebende Bäume schützt.
* Holz zum Werken finden wir in Gärten und in der Natur. Wir brechen oder schneiden Äste und Zweige nur von großen Sträuchern und Bäumen und immer nur wenige. Geeignet sind Haselnuss, Weide und Holunder, da sie sehr schnell nachwachsen.

Zur Sicherheit der Kinder haben wir beim Sammeln immer ein Auge darauf, ob irgendwo giftige Pflanzen wachsen, sowohl Blätter, Blüten, Pilze als auch Hölzer (s. Kap. 4.1).

Werkzeuge interessieren schon die ganz Kleinen. Wenn wir Sicherheitsregeln einhalten, den Kindern den richtigen Umgang mit diesen Geräten immer wieder als Vorbild zeigen und direkt beim Kind sind, können Kinder ab dem Laufalter mit Werkzeugen üben.

Für den Gebrauch von Schnitzmessern und Sparschälern gibt es Schnitzregeln. Diese sagen wir vor jedem Gebrauch der Werkzeuge gemeinsam auf und führen sie vor.

ACHTSAME PRAXIS

Schnitzregeln
Wer schnitzt, der sitzt! Wir sitzen beim Schnitzen!
Wir wahren Abstand zu den anderen – mit ausgebreiteten Armen.
Wir halten das Holz fest auf einer Unterlage.
Wir schnitzen vom Körper weg.
Die Messer sind scharf – dann sind evtl. Schnittwunden feiner und heilen besser und wir brauchen weniger Druck beim Schnitzen.

3.2 Material und Werkzeug

Die Natur stellt uns eine riesige Vielfalt von Material zur Verfügung. Hier nur das, was wir für unsere Werkstätten brauchen:

- **Holz**: Äste und Zweige, die weich genug sind für leichtes Schnitzen: Haselnuss, Weide, Schwarzer Holunder, frische Birken- oder Buchenzweige. Zwei Jahre altes Holz ist härter. Wir nehmen auf keinen Fall morsches, brüchiges Holz. Hartholz wie Eiche, Buche, Ahorn u. Ä. ist zu schwer zu bearbeiten. Nadelbäume harzen und verkleben die Werkzeuge.
- **Blätter** und **Halme** zu allen Jahreszeiten und **Blüten** von Frühjahr bis Herbst
- **Zapfen** – vom langen Fichtenzapfen bis zum kleinen Erlenzapfen
- **Früchte** wie Kastanien, Eicheln, Bucheckern, „Ahornnasen“, Hagebutten, Nüsse
- **Rindenstücke**, die höchstens drei Jahre alt sein sollten, da die Rinde sonst morsch ist und zu schnell bricht
- **Federn** – wie die großen vom Mäusebussard, kleine Flaumfedern, schwarze mit weißen Flecken vom Buntspecht oder gar die blauen Glücksfedern vom Eichelhäher
- **Schafwolle** – natürliche Fetzen an Schafzäunen oder ein Geschenk vom Schäfer oder gekaufte farbige Märchenwolle
- **Leere Schneckenhäuser** und **Eierschalen**
- **Steine** – vom Kieselstein bis zum Felsen in vielen Formen und Farben
- **Erde** als Humus, Sand und Lehm oder Mischungen
- **Wasser** in Bächen, Seen, Pfützen, Rinnsalen, Quellen, auch als Eis und Schnee

Wir nehmen davon nur so viel, wie wir wahrscheinlich zum Werken brauchen. Wenn etwas übrig bleibt, legen wir es zurück für die nächste Aktion oder wir gestalten mit den Resten einen Stöcke-Turm, ein Mandala, ein Zwergenreich u. Ä. So können wir das Naturmaterial sichtbar wertschätzen.

In die Draußen-Werkstatt bzw. in den Rucksack gehört auf jeden Fall viel Schnur. Für einige Werkstücke brauchen wir Kartonpapier, doppelseitiges Klebeband, Kleber, Tapetenkleister, Einmachgläser, Vaseline, Muffin-Förmchen, Messing-Glöckchen, Draht. Weiteres steht in den jeweiligen Materialangaben.

Geeignetes Werkzeug für Kinder

* Kinderscheren mit sicheren Griffen und abgerundeten Spitzen
* Kleine Handbohrer (auch Kastanienbohrer genannt)
* Sparschäler, von denen wir die Klinge abmontieren, umdrehen und wieder einspannen; so ist ein Schnitzen vom Körper weg möglich.
* Kinder-Schnitzmesser mit abgerundeten Enden und feststellbarer Klinge für Geübte.

3.3 Selbst gemacht: Kleine feine Werke aus Naturmaterialien

3.3.1 Mit Holz

„Waldi“

(s. Kap. 2.6.1)

Zweig-Ringe

s. Kap. 2.6.1)

Holunder-Perlen

Material: Fingerdicke Äste vom Schwarzen Holunder, dünne Stöckchen zum Bohren, Schnur oder lange, feste Halme (Gras, Binsen, Seegras), Messer

Den Holunder schneiden wir in 1–2 cm lange Stücke. Nun bohren die Kinder mit einem dünnen Stöckchen das weiche Holunder-Mark heraus und fädeln die Perlen auf die Halme oder Schnur. Muster bekommen wir, wenn wir die Rinde stellenweise entfernen. So entstehen Ketten, Kränze, Schlangen.

Gabel

Material: Kleine Astgabel mit enger Verzweigung, Kartoffelschäler

Wir fassen die Astgabel am Griff und schälen die zwei nebeneinanderliegenden Astteile von oben nach unten. Vor allem die unteren Spitzen sollten mehrmals abgeschält werden, damit Spieße entstehen.

Quirl, Schmuck- oder Puppenkleiderständer

Material: Die Spitze eines liegenden Nadelbaums oder Weihnachtsbaums mit kreisförmig angeordneten Zweigen, Messer oder Sparschäler

Wir schneiden einen Teil der Spitze ab und kürzen die abstehenden Zweige auf gleiche Länge, sodass die Form eines Quirls bleibt. Die Rinde können wir mit den Fingern oder Sparschälern entfernen. Ein Rührgerät für Wasser, Matsch und Schnee, ein Schmuckständer für Fundstücke oder, auf eine Holzscheibe geschraubt, ein Kleiderständer für die Puppenecke.

3.3.2 Am Wasser

Löwenzahn-Ringel

Material: Stängel von Löwenzahn

Die Stängel ritzen wir mit den Fingernägeln oben und unten mehrmals ein und legen sie ins Wasser. Dort ringeln sich die Bahnen zu fantasievollen Gestalten – Locken, Brillen, Wunderbäumchen, Schlangen.

Blätter-Schlange

Material: Blätter

Wir sammeln Blätter. Diese legen wir gemeinsam ins Wasser, und zwar ganz dicht hintereinander. So schwimmt eine Schlange den Bach entlang oder in der Pfütze.

Rinden-Boote

Material: Feste Baumrinde von einem liegenden Stamm, Stöckchen, große Blätter und Handbohrer

In die Rinde bohren wir ein Loch für das Stöckchen als Segelmast. Darauf stecken wir ein großes Blatt, indem wir es oben und unten durchstechen. Und los geht die Fahrt.

Walnuss- und Eierschalen-Schiffchen

Material: Hälften von Walnussschalen oder von Eierschalen, kleine Fundstücke

In die Nuss- bzw. Eierschalen legen wir kleine Blättchen, Moos, eine Eichel, eine kleine Feder o. Ä. und setzen sie vorsichtig aufs Wasser.

3.3.3 Mit Erde oder Schnee

Masken, Skulpturen oder Mandalas an Bäumen

Material: Große Bäume, kleine Fundstücke

Die Erde oder den Schnee drücken wir an den Baumstamm und formen eine zusammenhängende Fläche, vielleicht mit Nase, Mund, Hut o. Ä. Diese Grundfläche schmücken wir dann aus mit Blättern, Blüten, Früchten, Moos, Schneckenhäusern, Federn, Steinchen usw. Mit etwas Druck bleiben die Teile gut haften.

Wenn die Großen oben am Stamm werkeln, können die Kleinen nachahmend ihr Kunstwerk am unteren Teil des Stammes anbringen.

Stein-Bild oder Monster

Material: Faustgroße, eher flache Steine, kleine Fundstücke

Wir bestreichen den Stein mit Erde oder Schnee und drücken darauf Pflanzenteile u. a. So gestalten wir ein eigenes Kunstwerk oder „Monster“ für das Spiel „Monsterfangen“ (s. Kap. 3.3.3).

Igel

Material: Kleine Zweige oder Baumnadeln

Wir formen aus Erde oder Schnee eine Kugel und drücken an einer Seite mit Daumen und Zeigefinger ein spitzes Schnäuzchen. Je nach Größe des Igelkörpers nehmen wir Zweigstückchen oder Nadeln und stecken sie auf den Igelrücken als Stacheln.

Teigrollen

Material: Ein glattes Aststück ungefähr von der Größe des Unterarms eines Kindes, ein ebener Untergrund

Wir sammeln Erde oder Schnee. Dann nehmen wir kleinere Portionen und walzen mit dem Ast darüber wie mit einer Teigrolle, bis alles glatt ist. Mit diesen „Scheiben“ können wir vieles gestalten, zum Beispiel sie als Pizza belegen oder mit einem Stock darauf Zeichen malen. Manche Kinder freuen sich auch einfach an dem Prozess des Walzens und fangen immer wieder von Neuem damit an.

3.3.4 Jahreszeiten

Das bewusste Gestalten mit den typischen Naturmaterialien einer Jahreszeit stärkt das Gefühl für den Jahresrhythmus und seine Verlässlichkeit.

Jahreszeiten-Glas

Material: Größeres Einmachglas ohne Etikett und Deckel, jahreszeittypische Fundstücke

In dem Schau-Glas gestalten wir ein „Stillleben“ mit einem Boden aus Erde, Steinen oder Moos, dann legen wir weitere Fundstücke darauf: kahle oder belaubte Zweige, trockene oder frische Blätter, Blüten oder Früchte, wollige Samen der Waldrebe, Schneckenhäuser, Baumpilze, Flechten, Federn usw.

Baumscheiben-Landschaft

Material: Runde, etwa 2 cm dicke Baumscheiben (selbst gesägt oder von Waldarbeitern, vom Förster, einem Sägewerk oder einer Schreinerei), Handbohrer, kleine Zweige und jahreszeitentypische Fundstücke:

In einer Reihe oder einem Halbkreis bohren wir Löcher, in die wir kleine Zweige stecken – als Wald, Zaun, Stall oder Weihnachtskrippe. Dann gestalten wir diese Mini-Landschaft mit weiteren Materialien der jeweiligen Jahreszeit: Zapfen, Früchte, Blüten, Muscheln usw. und stellen vielleicht selbst gestaltete Tiere, Zwerge o. a. Figuren hinein (s. Kap. 3.3.6).

Zwei Nestbauhilfen im Frühling

In dicht besiedelten Gebieten finden Vögel immer weniger natürliches Nistmaterial für ihren Nestbau. Manchmal nehmen sie dann

Plastikabfall. Mit den beiden einfachen Nestbauhilfen können wir einen guten Dienst tun.

Material: Schnur, entweder Papprolle von Küchenpapier und Heu oder Kiefernzapfen und Schafwolle

Wir ziehen eine Schnur durch die Rolle hindurch und binden die Enden zusammen zum Aufhängen. Dann stopfen wir Heu in die Rolle – fertig. An die Zapfen knoten wir eine Schnur zum Aufhängen. Dann stecken wir Wolle ringsum in die Ritzen des Zapfens – fertig.
Beides hängen wir an einen Platz, an dem Vögel gut anfliegen können und geschützt sind vor Katzen, z. B. in Bäume und Sträucher.

Apfelsaft im Herbst

Kinder sollen unsere Lebensgrundlagen kennenlernen. Dazu gehören auch Erfahrungen, woher eigentlich unsere Lebensmittel kommen, z. B. Apfelsaft.
Material: Äpfel, Messer, Schnittbrett, Reibe (an einer Glasreibe können sich die Kinder nicht wehtun), Schüssel, saubere, kleine Baumwolltücher, Becher

Wir vierteln die Äpfel und entkernen sie. Die Stücke reiben wir zu Mus in eine Schüssel. Dann legen wir das Mus auf ein Tuch, falten dieses zusammen und drücken mit den Händen, sodass der Saft herausgepresst wird in einen Trinkbecher hinein. Die Apfelreste können wir essen oder an Tiere verfüttern. Den Saft trinken wir gemeinsam.

Kastanien-Flieger und -Hopser

Material: Frische Kastanien, Handbohrer, Kleber, bunte Schnur, Federn oder Blätter

In die Kastanien bohren wir ein Loch. In das Bohrloch stecken und kleben wir Federn oder bunte Schnüre hinein. Nun können wir sie hochwerfen und fliegen lassen oder ein Wurfspiel spielen. Wenn wir die Kastanien kräftig auf harten Boden werfen, hopsen sie davon.

Herbst-Lichter

Material: Einmachglas ohne Etikett und Deckel, getrocknete Herbstblätter, Kleber, Teelicht

Wir kleben die bunten Blätter auf das Glas und lassen es trocknen. Dann stellen wir ein Teelicht in das Glas.

Schneeball-Kreide

Material: Große Baumstämme und Schnee

Wir nehmen eine Handvoll Schnee, drücken ihn zu einem Ball und malen damit auf den Baumstämmen. Vielleicht entstehen Grundformen wie Kreis, Stern, Herz, Strich, Wellenlinie. Oder wir malen den Fuß von Baumstämmen mit Schnee an und nehmen auf diese Weise die Strukturen der verschiedenen Rinden wahr.

Schnee- und Eis-Laternen für Teelichter

Material: Schnee, Teelichter im Glas, Eimer

Es gibt verschiedene Möglichkeiten, einen Behälter für unsere Teelicht-Gläser zu formen: Wir bauen eine große Schneekugel, halbieren sie vorsichtig und stellen in jede Hälfte ein Teelicht. Oder wir drücken eine Vertiefung in einen Schneeball, füllen Schnee in einen Eimer, drücken ihn fest, stürzen den Eimer um und bilden eine kleine Mulde in der Mitte des Schneeturms.

Eine weitere Idee: Einen Eimer mit Wasser lassen wir über Nacht draußen gefrieren (mind. minus 4 °C), drehen ihn morgens um und stellen in den Eis-Rand ein Teelicht. Wenn wir das Wasser mit rotem Früchtetee oder Rote-Bete-Schalen rot färben, haben wir am nächsten Morgen eine rotschimmernde Eislaterne.

Nuss-Schlitten

Material: Hälften von Walnussschalen, kleine Ästchen, Kleber

Je eine Hälfte einer Walnussschale ist ein Schlitten. Die Ästchen brechen wir zu gleich großen Teilen und kleben sie als Kufen an die Schlitten. Außer zum Spielen eignen sich die Schlitten auch für winzige Zwerge (s. Kap. 3.3.6) oder für selbst gestaltete Winterlandschaften.

Schneeflocken oder Engel

Material: Weiße Federn, dünne Schnur und Eicheln, Hagebutten, Kastanien o. Ä.

Die runden Früchte stecken wir als Kopf auf die feste Spitze der Feder. Dort befestigen wir auch einen Faden, an dem wir die Figuren aufhängen können – an ein Mobile oder einen Ast, mit dem die Kinder die Schneeflocken oder Engel fliegen lassen können.

3.3.5 Tiere und Zwerge

Schnecken

Material: Lehmerde, Schneckenhäuser

Wir formen Schneckenkörper mit Fühlern und setzen ein Schneckenhaus darauf fest.

Käfer

Material: Glatte, ovale Steine, Pflanzen- oder Erdfarbe oder Wachsmalkreiden

Die Steine malen wir bunt an, vielleicht mit schwarzem Kopf und Punkten o. Ä.

Bienen oder Hummeln

Material: Erlenzapfen, gelbe Wolle und Faden, evtl. Stock

Die Wolle zupfen wir locker. Dann wickeln wir wenig Wolle um die kleinen Zapfen, sodass die Wolle gut in den Ritzen haftet. Zum Aufhängen binden wir Faden um den Bienenbauch. Wir können die Insekten z. B. an einen Stock binden und fliegen lassen.

Mäuse

Material: Hälften von Walnussschalen oder ovale Kieselsteine, Grashalm, Kleber

Die Walnussschale oder der Kieselstein ist der Körper. An die breitere Seite kleben wir den Halm als Schwanz an, sodass die spitzere Seite als Näschen erscheint.

Verschiedene Schlangen

Material: Schnur, Kringel aus Löwenzahnstielen (s. Kap. 3.3.2) oder Perlen aus Holunderholz (s. Kap. 3.3.1) oder Kastanien und Handbohrer

Die Kastanien halten wir auf einer stabilen Unterlage fest und bohren ein Loch hindurch. Dann fädeln wir sie auf eine Schnur und machen an beiden Enden Knoten, ebenso verfahren wir mit den Holunder-Perlen.

Blätter-Schlange oder Raupe

Material: Viele Blätter, Draht

Wir nehmen einen Draht, ungefähr in der Länge eines Unterarms. Das eine Ende biegen wir zu einer Verdickung. Nun suchen wir viele verschiedene Blätter, die wir eins nach dem anderen auf den Draht aufspießen. Ab und zu schieben wir die Blätter in Richtung der Verdickung, damit wir Platz für neue haben. Wenn der Draht dicht bestückt ist, verknoten wir das Ende. Wo Kopf und wo Schwanzende ist, bestimmen die Kinder.

Zwerge

Material: 10 bis 20 cm lange Aststücke mit einem Durchmesser von mindestens 5 cm, damit die Zwerge stehen können, Messer, Sparschäler, evtl. Farbe

Wir entrinden den oberen Teil des Astes und spitzen ihn zu – das ist die Mütze. Das Gesicht können wir bemalen; vielleicht ist ein kleiner Astansatz die Nase. Für die Augen können wir auch zwei kleine Löcher bohren und dunkle Erde hineinreiben.

Zapfen-Figur

Material: Kiefernzapfen mit einer breiten Standfläche, Schafwolle, eine Eichel, Nuss, Kastanie oder Hagebutte, Kleber

Wir zupfen die Schafwolle auseinander, bis sie fast durchsichtig ist. Damit umwickeln wir den Zapfen. In den Ritzen steckt die Wolle fest. Als Kopf kleben wir eine Nuss o. Ä. auf die Spitze.

Bucheckern-Zwerg

Material: Harte Schale von Bucheckern, Eichel, Hagebutte o. Ä., Kleber

Die Bucheckern-Schale stellen wir mit der Spitze nach oben hin und kleben die Frucht als Kopf fest.

Zwergen-Häuschen

Material: 30 cm lange Äste, dünnes Reisig, Blätter, evtl. Rindenstücke, Stein, Nussschalen

Aus den Ästen bauen wir ein Gerüst wie ein spitzes Zelt oder wir lehnen die Äste an einen Baumstamm. Für die Festigkeit bohren wir die Äste etwas in den Boden hinein. Und wir denken an die Tür. Das

Gerüst bedecken wir mit Reisig, evtl. Rindenstücken und Blättern. Ein Stein als Tisch, Nussschalen als Becher, ein Bett aus Ästchen und Blättern – schon ist das Haus bewohnbar. Nun können die Zwerge kommen (s. o.).

Zwergen-Reiche

Material: Lehmige Erde, Steine, Pflanzenteile, evtl. ein bizarrer Baumstumpf oder der Wurzelballen einer umgestürzten Fichte

Geeignete Plätze für Zwergen-Reiche finden sich überall in der Natur. Dort entstehen Zwergen-Häuschen (wie oben) oder Bauwerke in Baumstümpfen, Wurzelballen, zwischen Steinen am Bach usw. Je nach Alter bauen die Kinder noch Zwergen-Küchen, Gärtchen, Bauernhöfe mit Tieren (s. o.), Burgen ...

3.3.6 Musikinstrumente

Zapfen-Reibe

Material: Zwei Fichten- oder Kiefernzapfen, die trocken und geöffnet sind

Wir nehmen einen Zapfen fest in eine Hand. Den anderen drehen wir anders herum und halten ihn in der anderen Hand. Nun reiben wir die beiden Zapfen gegeneinander auf und ab und erzeugen damit ein rasselndes Geräusch.

Nuss-Kastagnetten

Material: Walnussschalen, Kartonpapier, Schere, 12 cm dünne Schnur, Kleber

Aus dem Papier schneiden wir einen Streifen mit den Maßen 15 x 5 cm und knicken ihn in der Mitte. Die Nussschalen kleben wir mit der Öffnung zum Papier gegenüberliegend auf die Streifenhälften. In die eine Hälfte stechen wir zwei Löcher, ziehen ein Stück Schnur hindurch und knoten es fest als Fingerschlaufe. Die Kastagnetten werden auf der einen Seite mit dem Daumen und auf der anderen Seite mit den Fingern gehalten – und schon klappert es los.

Glocken-Stab

Material: Ast, Gras u. a. Pflanzen, Schnur, Messingglöckchen, Sparschäler oder Messer

Wir entfernen vom Ast alle Zweige, die wir nicht brauchen, und die Rinde. An diesen relativ glatten Stab binden wir Grashalme, Blumen u. a. als Verzierung. Zum Schluss befestigen wir drei bis fünf Glöckchen jeweils an ein kurzes Stück Schnur und knoten diese etwas entfernt voneinander an den Stab. Dieser wilde Glockenstab lässt sich hören.

Glocken-Ring

Material: Zweigring (s. Kap. 3.3.1), Schnur, Messingglöckchen

Wir befestigen ein oder mehrere Glöckchen jeweils an einem kurzen Stück Schnur und binden es an den Ring. So haben die Kleinen einen robusten und klingenden Glocken-Ring.

Ast-Rassel

Material: Ein Ast mit einer etwa handbreiten Astgabel, dünne Schnur oder Draht, Handbohrer, Messer und ein fingerdicker Ast vom Schwarzen Holunder

Den Holunderast schneiden wir in drei 1 bis 2 cm lange Stücke und entfernen mit einem Handbohrer das Mark. Diese hohlen Perlen fädeln wir auf Schnur oder Draht. An die beiden Enden der Astgabel verknoten wir die Schnur bzw. den mit den Holunderperlen bestückten Draht. Jetzt kann gerasselt werden. Je trockener die Holunderperlen werden, umso lauter klingen sie ... Alternativen sind Nussschalen, Schneckenhäuschen, Steine mit Löchern o. Ä.

Schneckenhaus-Flöte

Material: Weinbergschnecken-Häuser, Wasser und Schleifpapier oder Nagelfeile

Wir säubern die Häuschen, auch innen. Dazu kann man in einem Bach oder einem Gefäß mit Wasser die Häuschen baden, bis alle Luft rausgeblubbert ist und sie untergehen – eine schöne Physikübung! Dann schleifen wir die oberste Spitze der Schneckenspirale vorsichtig ab, bis ein Loch entstanden ist. Entweder wir blasen direkt in die Öffnung oder nehmen einen Strohhalm und setzen ihn an die Öffnung. Es entsteht ein brummendes Rauschen.

Rinden-Trommel

Material: Ein großes, durch Trocknen gewölbtes Rindenstück, zwei stabile Stöcke

Wir legen die Rinde mit der Wölbung nach oben auf ebenen Boden oder auf einen großen Stein und trommeln mit den Stöcken einen Rhythmus. Erklingt an verschiedenen Stellen ein anderer Ton?

Rinden-Rassel

Material: Zwei kleinere, durch Trocknen gewölbte Rindenstücke, große Blätter (Pestwurz, Ahorn, Platane o. Ä.), feste Halme oder Schnur, Steinchen, Eicheln o. Ä.

Die zwei Rinden legen wir zu einem Rohr ineinander. Eine Öffnung schließen wir mit einem Blatt, dessen umgeschlagene Enden wir an den Rinden mit Schnur oder Halmen umwickeln und festbinden. Dann füllen wir die Fundstücke in das Rohr. Die andere Öffnung wird wie oben auch mit einem Blatt geschlossen.

Äste-Xylophon (griechisch: xylo = Holz; phon = Klang)

Material: Zwei Baumstämme, die trapezförmig nebeneinander liegen oder zwei dicke Äste, die wir zu einem spitzen Dreieck auf den Boden legen, und verschieden lange Äste

Wir beginnen an der engen Stelle mit dünnen Ästen und legen dann immer dickere bis zur breitesten Stelle des Dreiecks. Die Äste sollten nicht zu alt oder gar morsch sein. Je nach Alter, Baumart, Dicke und Länge klingen sie unterschiedlich. Mit kleinen Stöcken können wir ein Konzert geben.

Nach demselben Prinzip können wir ein **Lithophon** (griechisch: litho = Stein) bauen. Dafür legen wir auf ein Astdreieck unterschiedlich große, möglichst flache Steine.

3.3.7 Kunst

Klebebild

Material: Kartonpapier, Schere, doppelseitiges Klebeband, kleine Fundstücke

Wir knicken den Karton in der Mitte und schneiden in die eine Hälfte eine rechteckige Öffnung mit Rand wie einen Bilderrahmen. Auf die gegenüberliegende Seite kleben wir einen breiten Streifen vom Klebeband. Wenn wir die Folie abgezogen

haben, können die kleinen Künstler loslegen und drücken Gräser, Blüten, Steinchen usw. auf den Klebestreifen zu einem fantasievollen Bild. Einen Grashalm können wir noch durch ein Loch im Rahmen ziehen und dann das Kunstwerk aufhängen.

Baumscheiben-Bild

Material: Armdicker Ast, Messer (oder Säge), Bohrer, beidseitiges Klebeband, Fundstücke

Von einem Ast schneiden oder sägen wir 1–2 cm dicke Scheiben ab. Der Durchmesser kann klein oder groß sein. Am Rand bohren wir ein Loch für eine Aufhängung. Auf die untere Hälfte der Scheibe kommt das Klebeband, wir ziehen die Folie ab und lassen die Kinder ihre Fundstücke daraufkleben.

Tattoo

Material: Vaseline oder weißer Saft aus Löwenzahnstängeln (Achtung: Flecken auf der Kleidung!), zarte Fundstücke wie Blättchen, Blüten, Moos, Erde

Die Vaseline oder den Saft streichen wir auf Handrücken, Arm, Füße usw. Darauf kleben wir ein Muster aus unseren Fundstücken. Auf die Ohrläppchen können wir Gänseblumenblüten kleben als Ohrstecker …

Körperbemalung

Material: Feuchte Erde, kleine Stöckchen

Hände, Arme oder Beine bestreichen wir gleichmäßig mit feuchter Erde. Mit einem Stöckchen können wir nun Muster in die Erdschicht kratzen. Manche Kinder möchten die Erde schnell wieder abwaschen, vielleicht sich immer wieder neu bestreichen, andere warten und erfahren, wie die getrocknete Erde langsam abfällt.

Muffins und Pralinen

Material: Förmchen aus Papier o. a. Material für Muffins oder Pralinen, feuchte Erde, kleine Fundstücke

Die Erde ist der Teig, den wir in die Förmchen füllen; er sollte nicht zu nass sein, sonst verläuft das Ganze. Dann stülpen wir die Förmchen um und verzieren die Muffins als Pralinen mit Blüten, Blättern u. a. und decken den Tisch …

Stein-Pralinen

Material: Pralinengroße Steine, Wasser, Speiseöl in kleinen Behältern, leere Pralinenschachteln o. Ä.

Wir suchen auf Wegen, an Bachläufen usw. pralinengroße Steine, waschen und trocknen sie. Dann reiben wir sie mit Speiseöl ein, sodass sie glänzen. Jede feine Praline findet nun einen Platz in den goldschimmernden Fächern der Schachteln – vielleicht ein Geschenk mit Upcycling-Charakter.

Vase

Material: Einmachgläser (ohne Etikett und Deckel), Kleber oder doppelseitiges Klebeband, Fundstücke

Auf die Gläser geben wir Kleber bzw. Klebeband. Darauf kleben wir nach Lust und Laune unsere Sammelstücke wie Holzästchen, Rindenstücke, Steine, Blätter, Blüten, Schneckenhäuser – je dichter, desto schöner. Wenn der Kleber getrocknet ist, können wir die Vase bestücken.

Schneckenhaus-Vase

Material: Weinbergschneckenhäuser, Wasser, kleine Blumen

Wir säubern die Schneckenhäuser und füllen sie dann mit Wasser. Sie stehen gut, wenn wir sie in einen weichen Untergrund wie Moos oder Erde hineindrücken. Ein, zwei, drei Blümchen finden dort Platz und zu trinken. Eine einfache, schöne Deko für die Frühblüher im Frühjahr, zu Jahreszeitenfesten oder auf dem Esstisch.

Wasser-Blüten

Material: Blüten, Schüsseln, tiefe Teller oder Gläser mit Wasser

Wir sammeln Blüten vorsichtig in Körbe o. Ä., damit sie nicht zerdrückt werden. In die mit Wasser gefüllten Gefäße legen wir die Blütenköpfchen eins nach dem anderen hinein und lassen sie schwimmen. So können wir schwimmende Blütenbilder erschaffen.

Ast-Kunstwerke

Material: Kleine, verzweigte Äste, Schafwolle

Die Wolle wird fein auseinandergezogen, sodass sie fast durchsichtig wird. Mit der Wolle umwickeln wir einzelne Stellen des Astes und Nebenzweige. Wenn wir mehrere Schichten übereinander drücken, hält die Wolle sich selbst fest. So entsteht ein Kunstwerk oder eine Figur.

Blatt-Wickel

Material: Faustgroße Steine, große Blätter von Huflattich, Klette, Pestwurz, Platane o. Ä., Stängel von Gras, Ackerwinde o. Ä.

Wir sammeln schöne Steine und als Verpackungsmaterial große Blätter. Nun wickeln wir einen Stein in ein Blatt und umwickeln es mit dem Stängel. Vielleicht binden wir es zu. Oft wollen Kinder den Stein wieder auspacken, auch um zu sehen, ob er noch da ist – und dann wieder einpacken.

Land-Art

Material: Plätze, die zum Gestalten einladen: Bachufer, Pfütze, dunkle Stellen im Wald, hohle Baumstümpfe, umgestürzte Bäume u. Ä., viele Fundstücke von einer Art

Wir suchen uns allein oder in kleinen Gruppen einen Platz und lassen unserer Fantasie freien Lauf, zum Beispiel: Löwenzahnblüten leuchten zwischen dunklen Wurzeln oder aus Ritzen eines Eichenstamms, bunte Blätter sind auf dürre Zweige gesteckt, eine Schlange aus feuchter Erde und Blüten umschlingt einen Baumstamm, rote Hagebutten liegen in einer Reihe auf einem bemoosten Baumstamm oder füllen ein Loch im Baumstumpf, viele Fichtenzapfen nebeneinander gelegt bilden einen großen Teppich, in einer Pfütze schwimmen dicht gedrängt grüne Blätter und mittendrin ein gelbes ...

Waldbild

Material: Stöcke, Schnur, Fundstücke

Wir legen einen Rahmen in beliebiger Größe aus Stöcken und binden diese an den Ecken fest aneinander. Dann ziehen wir parallel Fäden, verknoten sie an den Ästen und weben quer dazu nochmals engmaschig weitere Fäden. In dieses Webrahmen-Gerüst stecken wir gesammeltes Naturmaterial. Daraus kann eine Ausstellung, ein Jahreszeiten-Projekt, ein Geschenk für die Familie werden.

Mandala

Der Begriff Mandala stammt aus der alten indischen Hochsprache Sanskrit und bedeutet Kreisbild. Die Formen haben eine klar definierte Mitte und sind fast immer symmetrisch aufgebaut. Die ersten Darstellungen stammen aus der Altsteinzeit vor 30000 Jahren: kreisförmige Felsritzungen, die Sonnenräder darstellen. Der Kreis ist das Symbol der Einheit in vielen Kulturen und dient auch als Meditations- bzw. Kontemplationshilfe. In der Natur finden wir die Grundstruktur des Mandalas im Aufbau der Atome und Kristalle, in Blütenformen, Früchten (quer aufgeschnittener Apfel), Muscheln, Schneeflocken u. v. m.

Material: Ebene Plätze, Zweige oder Zapfen und Fundstücke zum Ausfüllen

Mit den Zweigen legen wir eine einfache Grundstruktur mit einer klaren Mitte. Die entstandenen Felder füllen wir mit unseren Fundstücken. Dabei kommt es weniger auf bestimmte Regeln als auf den Prozess des gemeinsamen Sammelns und Gestaltens an.
Mandalas können Teil eines Festes sein, zum Beispiel an Erntedank mit Früchten, am Sommerfest mit Blüten.

Erd- und Pflanzenfarben

Schon in Urzeiten bemalten Menschen ihre Höhlenwände mit Farben, die sie aus Erde, Früchten, Blättern oder verkohltem Holz herstellten.

Material:

* Rohstoff für Farben: verschiedenfarbige Erden und weiche Steine, frische Blätter, Blüten oder Beeren (ungiftige!), auch verkohltes Holz vom Lagerfeuer oder Grill
* Weiteres: Mörser, Teesieb, Wasser, Gefäße
* Maluntergrund: Kartonpapier, Tapetenreste, Deckel von Schuhkartons, helle Steine, Felsen, Holzstücke, geschälte Äste oder helle Stoffreste
* Malwerkzeug: Finger oder zusammengebundene Grasbüschel, Federn, Stöckchen, die mit einem Stein an einem Ende fasrig gehauen werden, oder dicke Pinsel

Die Erden werden **über** Gefäße gesiebt, um Stöckchen, Blätter usw. zu entfernen und kleine Tiere freizulassen. Klumpen und weiche Steine wie Sandstein oder rote Ziegelstückchen werden im Mörser oder auf dem Boden mit harten Steinen zerstoßen. Jedes Farbpulver kommt in ein anderes Gefäß. Mit wenig Wasser wird es streichfähig.

Frische Blätter, Blüten und Beeren können wir direkt auf der Malunterlage zerreiben und ausprobieren, wie viel Farbe sichtbar wird. Waldmeister, Gras, Holunderblätter, Breitwegerich, Giersch u. a. haben viel Chlorophyll und färben deshalb kräftig grün. Löwenzahnblüte wird leuchtend gelb, Geranie und Rose rot bis pink, Kornblume blau, Holunderbeeren lila ...

Die Pflanzenteile kann man auch mit den Fingern oder im Mörser zerdrücken und mit wenig Wasser verdünnt in ein Glas füllen.

Als weiteren Schritt können wir **Bindemittel** wie Tapetenkleister oder Ei benutzen:

Wir mischen die Farben mit angerührtem Tapetenkleister und evtl. noch Sand. So entsteht eine Paste, die vor allem die Kleinen gerne großflächig vermalen. Vor dem Aufhängen sollten die Bilder gut trocknen, damit die Farbe nicht verläuft.

Temperafarben werden mit Ei hergestellt: 1 Ei und etwas Wasser in ein Schraubglas, vielleicht noch die gleiche Menge Pflanzenöl dazu, schütteln und in kleinen Portionen in einem anderen Gefäß mit Farbpulver anrühren.

Fahnen mit Naturfarben

Material: Erd- oder Pflanzenfarben wie oben beschrieben, helle Stoffreste, doppelseitiges Klebeband, Stöcke

Stoffreste in Form von Bahnen oder Dreiecken bemalen wir bunt. Den oberen Teil eines Stockes bekleben wir mit doppelseitigem Klebeband, ungefähr in der Breite der Stoffbahn. Wir ziehen die Folie ab und wickeln eine Seite des Stoffes fest um die beklebte Stockspitze. Nun können wir die Fahne wehen lassen.

3.3.8 Bauen

Waldsofa

Material: Äste in verschiedenen Größen, Reisig, zum Polstern Laub, Heu oder Stroh

Wir legen ein stabiles Grundgerüst aus dickeren Ästen in der Form, die wir als Waldsofa wünschen – vielleicht sogar mit Lehne oder als Sitz gegen einen Baumstamm gelehnt oder als Kreis. Das Gerüst füllen wir dicht mit kleineren Ästen aus, dann mit Reisig. Wir drücken es fest und polstern abschließend die Sitzfläche mit viel Laub u. Ä. Eine einladende Sitzgelegenheit für kleine Geschichten ...

Äste-Tipi

Material: 5 bis 7 ungefähr 2 m lange Äste, weitere kleinere Äste, Reisig, zum Abdichten Laub, Heu oder Stroh

Wir bohren die langen Äste in den Boden und führen die Spitzen oben zusammen. So entsteht die Form eines Tipis. Zur Stabilisierung können wir die Spitzen mit einem dicken Seil zusammenbinden. Dieses Grundgerüst sollte einen Eingang lassen. Nun bedecken wir es mit kleineren Ästen, dann mit Reisig. Abschließend dichten wir es mit Laub, Heu oder Stroh ab. Im Lauf der Zeit können wir es immer wieder mit Blättern und abgefallenen Nadelzweigen ausbessern.

Den Kleinen gefällt es, wenn ein Loch bleibt zum Herausschauen und für den Lichteinfall.

4 Gestaltungselemente in der Natur

4.1 Geeignete Plätze und Wege in der Natur

Kleine Kinder brauchen Orte, die ihnen vertraut sind. Alles, was sie wiedererkennen, gibt ihnen Sicherheit. Deshalb sollten wir immer die gleichen Wege gehen und feste Orte haben. Vor dort aus kann jedes Kind dann seinen Horizont erweitern und die Umgebung erkunden, je nach individueller Entwicklung.

Die Möglichkeit, zwischen Vertrautem und Unbekanntem selbstständig zu wählen, ist wichtig für das Erlernen von Selbstregulation: die Wahrnehmung des Kindes, wie viel Sicherheit es gerade braucht und welche Abenteuer es sich zutraut. Das gilt auch für die Selbstregulation von Ruhe und Aktivität. Für beides sollten Kinder jederzeit Räume haben.

Kinder brauchen auch Orte, an denen sie ihre Selbstwirksamkeit erleben können. Das heißt, der Spielort sollte verschiedene Qualitäten bieten und er sollte veränderbar sein. Gerade ungestaltete Plätze fordern Kinder auf, selbst aktiv und kreativ zu werden. Oft suchen sie auch Plätze, die etwas abseits der gewohnten Umgebung liegen, denn dort gibt es sicherlich neue Herausforderungen.

Kinder haben Lieblingsorte und -tätigkeiten, die ihren individuellen Bedürfnissen und Entwicklungsthemen entsprechen und auch mal wechseln. Sie sollten möglichst oft die Gelegenheit haben, ihre Plätze aufzusuchen und ihrem Interesse nachzugehen, denn sie spüren am besten, was sie gerade für ihre nächsten Entwicklungsschritte brauchen. Im Vertrauen auf diese Kompetenz des Kindes begleiten wir es mit einer ergebnisoffenen Wahrnehmung und geben bei Bedarf zurückhaltende Impulse.

Wege und Plätze in der Natur

Die benutzen Wege und Plätze in der Natur sollten bieten:

- Schutz vor Gefahren wie Giftpflanzen, Gewässer, Stacheldraht usw.
- Grenzen für die Aufsicht, Handyempfang und eine Zufahrt für Rettungsfahrzeuge
- Enge und Weite, Licht und Schatten: dichter Bewuchs und Lichtungen, Wiesen
- Rückzugsplätze wie Tipi, Weidenhäuschen, Büsche, Hängematte, Schaffelle
- Raum und Material für verschiedene Bewegungsarten (siehe nachstehend)
- Spielmaterial für alle Sinne: rau–glatt, kalt–warm, feucht–trocken, groß–klein, schwer–leicht, verschiedene Geräusche, Gerüche usw.
- Ur-Spielmaterialien Erde, Wasser, Steine und Stöcke
- Zentrum für Begrüßung, Mahlzeit, Geschichten: Kreisform mit gestalteter Mitte
- Geschützten Platz zum Wickeln, Aufwärmen, Ausruhen wie Hütte oder Bauwagen

Typisch für Zwei- und Dreijährige ist ihre große Bereitschaft, sich anzustrengen und erworbene Fähigkeiten ausdauernd zu üben und weiterzuentwickeln. Kaum laufen sie, probieren sie zu rennen, zu hüpfen, sich zu drehen und schwere Gegenstände zu tragen.

Für folgende Bewegungsarten brauchen sie Raum und Material:

* Gehen auf verschiedenen Untergründen: Steine, Sand, Moos, Wurzelwege
* Hüpfen: Liegender Baumstamm, Baumstumpf, Felsen
* Kriechen, Robben, Krabbeln: Angenehmer Untergrund ohne Hindernisse
* Rutschen, Rollen – sich der Schwerkraft überlassen: Hang, gehobeltes Brett
* Schaukeln, Wippen: Überstehender liegender Baumstamm, Hängematte, Feuerwehrschlauch-Schaukel
* Ziehen, Tragen, Umbauen: Äste, Baumscheiben, Steine
* Hängen: bodennahe Äste, Seil
* Balancieren: Liegender Baumstamm, große Steine
* Klettern: Liegender Baumstamm, kräftiger Baum mit niedrigen Ästen, Felsen
* Steigen: Hang, Treppe
* Werfen, Fangen: Zapfen, Laub

„Spiele vollziehen sich nicht in erster Linie auf irgendwelchen Tischen, sondern […] in spannenden Projekten […] beim Hämmern und Sägen, Laufen und Buddeln, Schätze entdecken, bei lebendigen Festen und geheimnisvollen Erkundungen. Dort spielt sich das wirkliche Leben ab."

(Krenz, 2001, S. 8 f.)

4.2 Tagesabläufe

Rhythmen sind grundlegend für unser Leben. Der mütterliche Herzrhythmus prägt schon das Ungeborene. Jedes Organ hat seinen eigenen Rhythmus von Aktivitäts- und Ruhephasen. Der Sonnenrhythmus bestimmt die Jahreszeiten, den Wechsel von Tag und Nacht u.v.m.

Wenn Kinder die natürlichen Rhythmen hautnah erleben, stärkt das sowohl ihre körperliche Abwehrkraft als auch ihr Sicherheitsgefühl durch die verlässlichen Wiederholungen. Unsere Kindheitserinnerungen sind geprägt von typischen Erfahrungen im Jahreszeitenrhythmus: die ersten Frühlingsblumen, in der sommerlichen Hitze barfuß laufen und draußen baden, im Herbst die vollen Apfelbäume und das Toben in Laubhaufen, der Schneemann und eiskalte Hände im Winter. Und das jedes Jahr wieder.

Ebenso gibt ein verlässlicher Tagesrhythmus Orientierung und Sicherheit. Je kleiner die Kinder sind, umso eher brauchen sie wiedererkennbare Strukturen. Wichtig dabei ist der Wechsel von Aktivität und Ruhe sowie von selbstbestimmtem Tun und Angeboten.

Trotz der wohltuenden Struktur brauchen die Kleinen im Tagesablauf auch eine gewisse Flexibilität und Offenheit für individuelle Bedürfnisse.

4.2.1 Beispiel für etwa zwei Stunden in der Natur

* 9.30 Uhr **Begrüßungsritual:** Spruch mit Bewegungen und Begrüßung jedes Kindes
* 9.40 Uhr **Laufen zu einer Spielstation, z.B. Bach – freies, selbstbestimmtes Spielen**
* 10.15 Uhr **Mahlzeit** – mit Ritualen
* 10.30 Uhr **Spiel- und Bewegungsstationen und Angebote:** Wippender Baumstamm als „Pferdchen“, kleiner Bach mit lehmiger Erde, Hang, Erdkugel-Bahn, Zwergen-Häuschen ... und angeleitete Werkstätten oder Spiele

* 11.00 Uhr **Geschichte:** gleichbleibender Rahmen mit wechselnden Geschichten
* 11.10 Uhr **Letzte Station – freies, selbstbestimmtes Spielen:** Baumstumpf zum Hüpfen, Äste-Tipi, hohler Baumstumpf als Kochtopf, trockene Äste zum Tragen, Bauen
* 11.25 Uhr **Abschluss**: Lied mit Bewegungen und Abschiedsspruch

4.2.2 Beispiel für einen Naturtag mit drei Abholzeiten

* ab 7.30 Uhr **Ankommen** mit Freispiel, Vorbereitung des Frühstücks u. a. Tätigkeiten
* 9.00 Uhr **Morgenkreis** für alle – Begrüßungsritual
* ab 9.20 Uhr **Frühstück** – gemeinsam oder gleitend nach Bedarf **Freispiel** und **Angebote** mit angeleiteten Spielen und Werkstätten
* 11.15 Uhr **gemeinsame Geschichte**
* 11.30 Uhr **Mittagessen** für alle
* ab 12.00 Uhr **Mittagsruhe** oder **1. Abholphase** mit Verabschiedung
* ab 13:30 Uhr **Freispiel** oder **2. Abholphase** mit Verabschiedung
* 14:30 Uhr **Picknick** mit Obst u. Ä.
* 15.00 **Freispiel** und **Angebote**
* 16:30 Uhr **Abschlussritual** und **Abholen**

4.3 Rituale

Mit Ritualen erlebt das Kind die Zugehörigkeit zu einer Gemeinschaft, sei es die Familie, die Kindergruppe, eine kulturelle Gemeinschaft o. Ä. Für die Verlässlichkeit und für die Schönheit von Ritualen sind Kinder sehr empfänglich. Mit Festen begehen wir die Jahreszeiten wie das Wiederaufleben der Natur an Ostern

oder biografische Ereignisse wie Geburtstage. Im Wochenrhythmus hebt sich das Wochenende ab vom Alltag, vielleicht auch einzelne Wochentage durch sich wiederholende Aktivitäten. Im Tagesrhythmus ergeben sich bestimmte Rituale vor Mahlzeiten und Ruhezeiten, zur Begrüßung und zum Abschied.

Im Begrüßungs- oder Abschlusskreis können wir auch aktuelle Entdeckungen besprechen, z. B. Raureif, Schneeflocken, das Pochen eines Spechts, neue Blüten, wohlriechende Kräuter, ein angenagter Fichtenzapfen ...

Ganz kleinen Kindern bleibt immer die Möglichkeit, sich mit einer Erzieherin zurückzuziehen.

Alltägliche Rituale erleichtern Kindern die Übergänge. Ein Glöckchen ruft alle Kinder auf, sich hinzusetzen und einer Geschichte zuzuhören, eine Fingerpuppe kündigt das Aufräumen an, ein Lied lädt zum Händewaschen ein. Mit solchen Symbolen und Klängen holen wir die Kleinen in ihrer alterstypischen Welt ab, die noch weitgehend bestimmt ist von der Sinnesentwicklung, von Fantasie und versunkenem Spielen. Rituale sind meistens sehr viel wirksamer als auffordernde Erklärungen, die den Verstand ansprechen wollen. Symbole und Musik geben Aufforderungen einen liebevollen und zugleich sachlichen Charakter, jenseits von persönlicher Ungeduld, Machtkämpfen und anderen Verstimmungen.

Besondere, vielleicht belastende Erlebnisse wie die Begegnung mit einem toten Tier oder der Abschied aus der Gruppe können mit Ritualen leichter verarbeitet werden.

Zu den wiedererkennbaren Ritualen gehören auch feste Plätze.

Ein Begrüßungs-, Abschieds- und Essensplatz in Kreisform sorgt für eine gewisse Ruhe und unterstützt die Konzentration, z. B. durch Stöcke gekennzeichnet oder durch ein rundes Waldsofa. Dazu gehört auch ein schön gestaltetes Zentrum mit Fundstücken der Kinder, einer jahreszeitlich geschmückten Wurzel, einem Mandala o. Ä.

Der Ruheplatz ist gut geschützt vor Wind, Sonne und neugierigen Blicken, ebenso der Pflegeplatz. Eine Geschichte kann zum Beispiel immer an demselben bemoosten Baumstumpf erzählt werden, bei dem die Kinder schon wissen, wo sie sich hinsetzen können.

4.3.1 Begrüßung

Sonne begrüßen

Die Sonne, – *mit den Armen einen großen Kreis über dem Kopf bilden* –

sie schlief die ganze Nacht,

– *nach vorne beugen, bis die Fingerspitzen den Boden berühren* –

nun ist sie wieder aufgewacht. – *wie anfangs* –

Wir reiben uns die Augen aus – *mit den Fäusten die Augen reiben* –

und rufen in den Wald hinaus: Guten Morgen, guten Morgen!

Dank an den Wald

Was schenkt uns der Wald?

– *Geste des Schenkens: beide Hände geöffnet nach vorne strecken* –

Das wissen wir bald!

– *Geste des Erkennens: einen Finger an Kopf tippen* –

Der Wald schenkt uns ... Bäume, Käfer, Wind, Freude ...

– *in jeder Runde einen Begriff benennen* –

Vielen Dank, lieber Wald!

– *Geste des Dankens: mit aneinandergelegten Händen vor dem Herzen verneigen* –

Tiere in Bewegung

Wir machen kleine Schritte und trippeln in die Mitte.
So machen wir, so machen wir, kleine Schritte.
Nun wollen wir rückwärtsgehen, ganz hoch auf unseren Zehen.
So wollen wir, so wollen wir rückwärtsgehen.
Wir stampfen wie die Pferde: Es zittert schon die Erde.
So stampfen wir, so stampfen wir wie die Pferde.
Wir schleichen wie die Katzen auf ihren weichen Tatzen.
So schleichen wir, so schleichen wir wie die Katzen.
Wir schlafen wie die Riesen: Mh mh mh mh mh mh mh.
Doch plötzlich, doch plötzlich müssen wir niesen: Hatschi!!!

Erde begrüßen

Stapf, stapf, stapf, wir stampfen mit den Füßen.

– im Kreis Hände fassen und laut stampfen –

Stapf, stapf, stapf, die Erde wir begrüßen.

– gemeinsam in die Kreismitte gehen und die Arme nach

Stapf, stapf, stapf, du schöner Stern!

– oben strecken –

Stapf, stapf, stapf, wir haben dich gern!

– wieder nach außen gehen, die Arme senken und uns leicht verneigen –

(vgl. Miklitz, 2004)

4.3.2 Mahlzeit

– *Hände waschen*

– Händewaschen, das ist fein – die Hände wollen sauber sein.

– *Hände abtrocknen*

– Jedes Fingerlein möcht' trocken sein. – Und der kleine Daumen auch!

– *Im Kreis sitzend bekommt jedes Kind einen Tropfen Aromaöl auf die Hände. –*

Blütenschalen öffnen sich. Fällt hinein ein Goldtröpfelein.

Guten Morgen, liebes Blumenkind, hast du gut geschlafen?

Bist du fröhlich aufgewacht, hat die Sonn' dich angelacht.

– *Wir singen ein Lied –*

Erde, die uns dies gebracht, Sonne, die es reif gemacht.

Liebe Sonne, liebe Erde, Euer nie vergessen werde.

– *und reichen uns die Hände.*

– Gesegnete Mahlzeit!

Wenn die ersten Kinder fertig gegessen haben, reichen wir uns die Hände und danken:

Wir sagen Dank für Speis' und Trank

und all die guten Gaben, die wir genossen haben.

Die Kinder dürfen jetzt aufstehen oder auch weiter essen, je nach Bedarf.

4.3.3 Ruhephase

Leise gehet, leise wehet

durch die Zweige hin der Wind.

– *mit beiden Händen eine liegende Acht beschreiben, dabei jeweils eine Hand mit dem Handrücken nach oben, die andere mit der Innenfläche nach oben, im Wechsel –*

Auf und nieder,

– *beide offenen Hände nebeneinander nach oben und unten führen –*

hin und wieder

– *dann beide Hände zur Seite führen –*

schaukelt er das Vogelkind.

– mit beiden Händen vor dem Herzen ein Nest formen und leicht wiegen –

Wolle, Wolle, Wollenest

– Kind von oben nach unten in seine Decke hüllen –

Nun kommt die gute Mutter Ruh',

– Kind von oben nach unten behutsam abstreichen bis zu den Füßen –

die alles leise macht und zu.

– dieses mehrmals wiederholen … –

Sie wiegt den wilden Wind zur Ruh',

sie schließt die Blumenkelche zu.

Nun ruh' auch du!

– das Kind mit leichtem Händedruck halten –

4.3.4 Rahmen zu „Purzels" Geschichte

– Einführung mit hellem Glöckchen –

Leise, leise aufgepasst! Was soll das bedeuten?

Wenn du gute Ohren hast, hörst du etwas läuten!

– dreimal läuten mit Pausen – die Kinder werden aufmerksam –

Purzel erzählt euch eine Geschichte.

– Geschichte als Fingerspiel oder mit Holz- oder Filzfiguren –

– nach der Geschichte verabschiedet sich Purzel von den Kindern –

Die Geschichte ist aus.

Wir gehen nun langsam nach Haus'.

– Purzel kriecht abschließend mit dem Glöckchen in sein Schlafsäckchen hinein –

4.3.5 Einladung zum Weiterlaufen

* Wir wollen wandern,
* von einem Ort zum anderen.

* Trippel-trappel, trippel-trappel Zwergenschritt,

  – *Kind an die Hand fassen und kleine Schrittchen machen* –

da läuft der kleine ... *(Name des Kindes)* mit.

* Tripp-trapp, tripp-trapp Riesenschritt,

  – *die gestreckten Beine weit nach oben und vorne setzen zu riesigen Schritten* –

da läuft der große ... *(Name des Kindes)* mit.

4.3.6 Abschlusskreis

– *nach Jahreszeit wechselnd ein Volkslied mit Bewegungen und Rundtanz* –

bleibender Abschiedsspruch mit Bewegungen:

Lebet wohl! Auf leisen Zehen – *winken und auf den Zehenspitzen trippeln* –

wollen wir nach Hause gehen.

Schwenken's Mützchen auf und nieder, – *Geste wie beim Hutabnehmen* –

und wir kommen schon bald wieder. – *winken* –

4.4 Feste im Rhythmus der Natur

4.4.1 Naturkundliche Hintergründe der Jahreszeitenfeste

Die zwei Tagundnachtgleichen im Jahreslauf (Äquinoktium/Frühlings- und Herbstbeginn) und die zwei Sonnenwenden (Sommer und Winter) markieren vier Punkte im Jahreskreis. Sie bestimmen viele religiöse Feste im europäischen Kulturraum.

Sommer-Sonnenwende 21. Juni

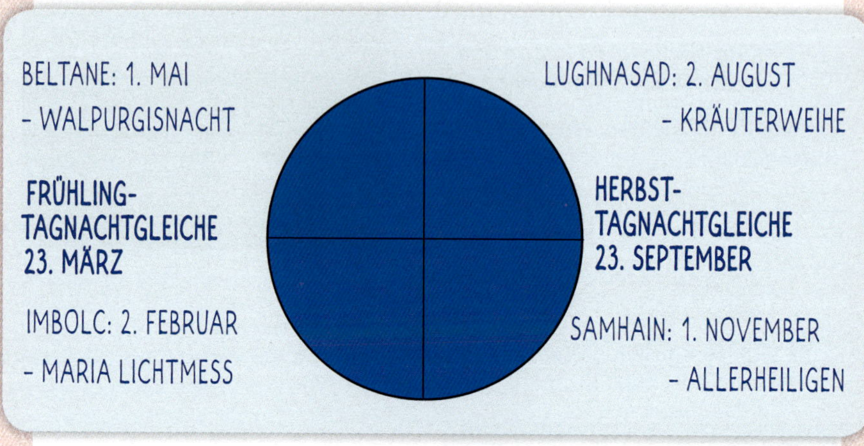

Winter-Sonnenwende 21. Dezember

An den **Tagnachtgleichen** sind Tag und Nacht genau gleich lang, und zwar überall auf der Erde. An diesen Äquinoktien ist die Erdachse quer zur Sonne geneigt, deshalb ist es weltweit 12 Stunden hell und 12 Stunden dunkel. Zudem geht die Sonne dann um 6:00 Uhr wahrer Ortszeit genau im Osten auf und um 18:00 Uhr genau im Westen unter. Die Frühjahrs-Tagnachtgleiche auf der Nordhalbkugel findet am gleichen Tag statt wie die Herbst-Tagnachtgleiche auf der Südhalbkugel; wenn bei uns der Frühling beginnt, fängt dort der Herbst an und umgekehrt.

Die **Sonnenwenden** markieren die Zeitpunkte, an denen die Tage entweder wieder beginnen, länger zu werden (ab der Winter-Sonnenwende im Dezember) oder wieder kürzer zu werden (ab der Sommer-Sonnenwende im Juni). Wenn es auf der nördlichen Erdhalbkugel immer heller wird, wird es auf der Südhalbkugel immer dunkler, und umgekehrt.

4.4.2 Christliche Feste im Jahreskreis

Ostern – Frühlingsbeginn: Der Sonntag nach dem 1. Vollmond, der der *Frühlings-Tagnachtgleiche* folgt (im März oder April); liegt im Jahreskreis St. Michael (September) gegenüber.

Pfingsten – Fest der „Begeisterung", der Heilige Geist wird symbolisiert durch die weiße Taube: genau 49 Tage (7 x 7 Tage) nach Ostern.

Johanni – Sommerfest zur *Sonnenwende*: 23. Juni (liegt im Jahreskreis genau Weihnachten gegenüber), danach werden die Tage wieder kürzer bis Weihnachten.

Michaelis-Tag – Herbstfest am 29. September, nach der *Herbst-Tagnachtgleiche* (liegt im Jahreskreis Ostern gegenüber)

Advent – 4 Wochen Einstimmung auf die Weihnacht; der zunehmenden natürlichen Dunkelheit begegnen wir mit dem Licht von Kerzen und vorweihnachtlicher Stimmung.

St. Martin und *St. Nikolaus* bereiten mit guten Taten die Geburt Christi vor.

Weihnacht – das Fest des Lichts und der Liebe – zur *Winter-Sonnenwende*: 24. Dezember (liegt im Jahreskreis St. Johanni gegenüber), danach werden die Tage wieder länger bis zur Sommer-Sonnenwende.

Zusätzlich werden noch *Erntedank, Fasching* und *regionale Feste* gefeiert. Zu viele Feste können allerdings stressig werden und sich gegenseitig entwerten.

„Es gibt einen Ort, an dem die Zeit langsamer läuft:
In einer Wiese voller Pusteblumen sitzen.
Unter einem Baum liegen und in den Himmel träumen.
Die Feuerwanzen beobachten.
Und in der Nähe das Klopfen des Spechtes hören.
Über das Glitzern der Tautropfen im Spinnennetz staunen.
Den Schnecken behutsam mit der Nase ‚Guten Morgen' sagen.
Mit dem Wind und den Herbstblättern um die Wette laufen.
Über das lustige Treiben der Eichhörnchen lachen.
Vorsichtig Spuren in das unberührte Schneefeld setzen.
An Eiszapfen lutschen und sich am Feuer wärmen.
An herben Holunder- und süßen Lindenblüten riechen.
Zwergenhäuser in Baumwurzeln und Mooskuhlen entdecken.
Den Wespen beim Bau ihrer Waben zusehen.
Oder mit Schmetterlingen tanzen."

(Zürcher, Konzeption, 2018)

4

4.5 Auswahl an Geschichten, Fingerspielen und Liedern zu Jahreszeiten und Tieren

Reime und rhythmische Verse sind eine wohltuende Sprachförderung für Kinder. Die Verbindung von Rhythmus, Bewegung und Sprechen unterstützt das Sprachgedächtnis. Wenn wir betont langsam sprechen und die Vokale langziehen, können auch die ganz Kleinen dieses singende Sprechen genießen.

Die Kinder sollten unsere Sprechbewegungen sehen können. Sie beobachten genau die Sprechwerkzeuge, und ahmen das Wahrgenommene in kleinsten Bewegungen nach. Mit dieser Eigenaktivität des Kindes baut sich sein Sprachzentrum im Gehirn auf.

Wind

„Saus, saus, saus! Saus nun um das Haus.

Saus, du lieber Wirbelwind, sause heute ganz geschwind.

Saus, saus, saus! Saus nun um das Haus."

***Melodie:** Summ, summ, summ, Bienchen summ herum*

(Wilmes-Mielenhausen, 2017)

Jetzt kommt der Wind *(Bewegungsspiel)*

„Jetzt kommt der Wind!

Er sauset und brauset und bläst alle Blätter vom Baum herunter.

Da tanzen sie lustig, da tanzen sie munter.

Sie schweben und wirbeln und drehn sich im Kreise

und fallen am Ende der lustigen Reise – ganz leise."

(Späth, 2015)

Frühlingserwachen(Fingerspiel)

Schaut ein Knöspchen aus der Erde,
– mit der rechten Hand eine Faust machen. Der Daumen (Knospe) steckt in der Faust –

ob es nicht bald Frühling werde.
– Daumen „wächst" langsam nach oben –

Wächst und wächst ein ganzes Stück.

Sonne warm vom Himmel scheint,
– mit den Händen eine Sonne andeuten –

Regen überm Knöspchen weint,
– mit den zappelnden Fingern Regen fallen lassen –

Knöspchen wird bald grün und dick.
– mit dem Daumen einen Kreis beschreiben –

Seine Blätter öffnet's dann,

Fröhlich fängt's zu blühen an.
– alle fünf Finger spreizen –

Frühling wird es, welch ein Glück!
– abschließend in die Hände klatschen –

(überliefert)

Wundernuss (Fingerspiel)

Ich habe eine Wundernuss. – *zwei Fäuste aneinanderhalten mit innen liegenden Daumen* –

Wisst ihr, wie man die öffnen muss?

Man sagt nicht eben viel,

nur: Lirum, Larum, Löffelstiel! – *Fäuste geschlossen hin und her wiegen* –

Sieh nur die Nuss, wie sie sich regt, – *Fäuste gegeneinander reiben* –

wie sie sich wundersam bewegt!

Und dann, und dann

steigt aus der Nuss ein kleiner Mann. – *ein Daumen steht auf und nickt* –

Ich hab noch eine Wundernuss. – *Bewegungen wie oben* –

Wisst ihr, wie man die öffnen muss?

Man sagt nicht eben viel,

nur: Lirum, Larum, Löffelstiel!

Und dann schau, schau:

steigt aus der Nuss ,ne kleine Frau.

Sie nicken sich ganz freundlich zu – *beide Daumen nicken sich zu* –

und gehen in ihr Haus zur Ruh'. – *beide Daumen kriechen in die Fäuste* –

(Verfasser unbekannt)

Apfel tragen (Fingerspiel)

Fünf Finger stehen hier und fragen: – *eine Hand steht mit gestreckten Fingern vor dem Apfel* –

„Wer kann denn diesen Apfel tragen?"

Der erste Finger kann es nicht, – *jeder Finger bewegt sich zu dem entsprechenden Satz* –

der zweite sagt: „Zu viel Gewicht!“

Der dritte kann ihn auch nicht heben,

der vierte schafft das nie im Leben.

Der fünfte aber spricht: „Ganz allein, so geht das nicht!“

Gemeinsam heben kurz darauf fünf Finger diesen Apfel auf.
– zum Schluss führen alle Finger gemeinsam den Apfel zum Mund –

(überliefert)

Raupe im Apfel (Fingerspiel)

Aus einem Apfel, oh wie nett

– linke Hand zur Faust ballen –

schaut eine Raupe, dick und fett.

– den rechten Zeigefinger durch die Faust hindurchstecken und mit der Fingerkuppe wackeln –

Sie frisst ein Blatt und noch ein Blatt, bis sie sich satt gefressen hat.

– die linke Hand öffnen wie ein Blatt, mit dem rechten Zeigefinger (Raupe) das Blatt anknabbern –

Und ist der Sommer dann vorbei, dann schläft sie bis zum nächsten Mai! – *linke Hand zur Faust ballen und mit dem rechten Zeigefinger in die Faust hineinkriechen –*

Chhhhhhhhhhh – chhhhhhh – chhh!

– Schnarch-Geräusche machen –

Ganz langsam kriecht sie nun heraus, aus ihrem Raupenhaus.

– rechten Zeigefinger aus der Faust herausziehen, beide Hände zu Fäusten ballen, Daumen ausstrecken, Fäuste *mit den Daumen aneinanderlegen (Daumenrücken an Daumenrücken) –*

So seht, ruft sie, wie ich da drin’ zum Schmetterling geworden bin!

Sie breitet ihre Flügel aus und fliegt jetzt in die Welt hinaus.

– Daumen aneinandergelegt lassen, alle Finger ausstrecken, wie Schmetterlingsflügel flattern und wegfliegen –

(überliefert)

Apfel-Stübchen

– Apfel mit einem Messer quer halbieren und den Kindern die Kerngehäuse zeigen –

In meinem kleinen Apfel,
da sieht es lustig aus:
Es sind darin fünf Stübchen,
grad wie in einem Haus.
In jedem Stübchen wohnen
zwei Kernchen schwarz und fein.
Die liegen drin und träumen
vom lieben Sonnenschein.

(überliefert)

Schneeglöckchen (Fingerspiel)

Tief in der Erde von Schnee bedeckt,
hat sich das Schneeglöckchen versteckt.
– rechte Hand flach in die Luft halten, linke als Faust darunter –
Scheint die liebe Sonne und regnet es ganz sacht,
da hat sich das Schneeglöckchen gedacht:
– rechte Hand hochhalten als Sonne –

„Da oben auf der Erde im Sonnenschein,

da möchte ich gerne Blümelein sein.“

– rechter Zeigefinger zeigt nach oben –

Es reckt sich und streckt sich und guckt aus dem Beet,

seht nur wie fest es auf seinen Beinen steht.

– aus linker Faust streckt sich der Zeigefinger –

Hört ihr es läuten ganz fein?

Schneeglöckchen läuten den Frühling ein.

– rechte Hand ans Ohr, linke bewegen –

(überliefert)

Vögel (Bewegungsspiel)

Es fliegt ein Vogel ganz allein.

– gestreckten ***rechten*** *Arm von der linken Hüfte in weitem Bogen über den Kopf nach rechts führen. Während des ganzen Spiels bewegen sich die Finger wie Flügel, und unser Blick folgt dem Vogel –*

Schau, jetzt fliegen zwei.

– beide Arme gestreckt von links im weiten Bogen nach oben und rechts führen –

Sie fliegen hoch, sie fliegen nieder.

– gestreckte Arme parallel nach oben und wieder herunter –

Sie fliegen fort – und kommen wieder.

– jeden gestreckten Arm weit zu seiner Seite bewegen – und zurück zur Mitte –

Sie picken Körner, eins, zwei, drei.

– mit den Zeigefingern rhythmisch auf die Oberschenkel pochen –

Sie fliegen fort – und kommen heim.

– jeden gestreckten Arm weit zur Seite bewegen – und abschließend gekreuzt über der Brust verschränken und dabei den Kopf leicht senken –

(überliefert)

Vöglein im Nest
(Finger- oder Figurenspiel, z. B. mit zwei Woll- oder Papiervögeln an Fäden)

Zwei Vöglein schlafen im Nest, ganz fest. *– zwei Fäuste vor dem Herzen aneinanderlegen –*

Das erste erwacht, flattert und lacht, fliegt ein Stück und fliegt ins Nest zurück. *– eine Hand fliegt mit sanftem Flügelschlag zur Seite – und zurück –*

Das zweite erwacht, flattert und lacht, fliegt ein Stück und fliegt ins Nest zurück. *– andere Hand wie oben – –*

Nun fliegen sie beide über Wald und Heide. *– beide Hände fliegen weit je zu einer Seite –*

Sie lachen vor Glück und fliegen zurück. *– und zurück –*

Zwei Vöglein schlafen im Nest, ganz fest. *– wie oben zwei Fäuste vor dem Herzen –*

(Diestel, in: Bezdek, 2004)

Hasen (Figurenspiel – z. B. mit Filzhasen, Moos als Rasen, Nadelzweig als Baum)

Nuckelchen und Puckelchen sind zwei kleine Hasen.

Sitzen unterm Tannenbaum auf dem grünen Rasen.

„Komm wir hüpfen in den Wald, springen auf die Berge, sehen uns die Riesen an und im Moos die Zwerge.“ *– Hasen zueinander –*

„Häschen, ihr seid viel zu klein, bleibt auf eurem Rasen!“ *– Stimme von oben –*

„Nein, wir ziehen in die Welt hinein, wir sind große Hasen!“ *– Hasen antworten –*

Seht, da springen sie davon, hüpfen frisch und munter.

Kommen erst am Abend spät von dem Berg hinunter.

Nuckelchen und Puckelchen sind zwei müde Hasen.

Schlafen unterm Tannenbaum auf dem grünen Rasen.

(Diestel, in: Rhythmen und Reime, 1995)

Käfer (Fingerspiel)

Krabbe – krabbe – krabbe –	*– mit allen Fingerkuppen einer locker gebogenen Hand*
mit vielen Beinchen kurz und klein	*von der Hüfte über den Oberschenkel krabbeln –*
krabbelt hier ein Käferlein.	*– bis zum Knie, dort eine Weile sitzen bleiben –*
Krabbe – krabbe – krabbe –	*die Hand krabbelt bis zur Mitte des Oberschenkels*
Käferlein – Käferlein –	*und weiter bis zur Leiste –*
krabbelt in sein Blätterhaus.	*– die andere Hand formt eine Höhle –*
Ruht sich aus! – Ruht sich aus!	*– und die Käfer-Hand krabbelt dort hinein –*

(Ellersiek, 2005)

Der Sonnenkäferreigen (Figurenspiel – z. B. fünf bemalte Kieselsteine auf Holzstück)

Erst kommt der Sonnenkäfer-Papa, dann kommt die Sonnenkäfer-Mama,
und hinterdrein, ganz klitzeklein, die Sonnenkäfer-Kinderlein.
Sie haben rote Röckchen an mit kleinen schwarzen Punkten dran
und machen ihren Sonntagsgang auf unsrer Fensterbank entlang.
Erst fliegt der Sonnenkäfer-Papa, dann fliegt die Sonnenkäfer-Mama,
und hinterdrein, ganz klitzeklein, die Sonnenkäfer-Kinderlein.

(Text: Else Marie Bülau, Melodie: Georg Semper)

Krabbelkäfer (Fingerspiel)

Zehn kleine Krabbelkäfer krabbeln hin und her.
Zehn kleinen Krabbelkäfern fällt das gar nicht schwer.
Zehn kleine Krabbelkäfer suchen ein Versteck.
Zehn kleine Krabbelkäfer sind auf einmal weg!

(Wilmes-Mielenhausen, 2011)

Spinne (Fingerspiel)

Ilse Bilse Spinne
krabbelt rauf und runter.
Kommt der große Regen,
fällt die Spinne runter.
Scheint die liebe Sonne,
trocknet alles auf.
Ilse Bilse Spinne
krabbelt wieder rauf.

– für die krabbelnde Spinne: Die Kuppen beider Daumen und Zeigefinger berühren sich abwechselnd: 1. Paar = linke Daumenkuppe auf rechte Zeigefingerkuppe, 2. Paar darüber linker Zeigefinger auf rechten Daumen, 1. Paar lösen und über dem 2. Paar wieder schließen, 2. Paar lösen und oben wieder schließen usw. – immer schneller, bis die Spinne runterfällt: beide Hände klatschen auf die Beine. Für die Sonne spreizen wir alle Finger zu einem Halbkreis –

(überliefert)

Schnecke (Bewegungsspiel)

Ach wie langsam, ach wie langsam
kommt die Schneck von ihrem Fleck!
Sieben volle Tage braucht sie
von dem Eck zum andern Eck!
Ach wie langsam, ach wie langsam
schleicht die Schneck durchs Gras daher!
Potz, da wollt ich anders laufen,
wenn ich solch ein Schnecklein wär!

(nach F. Güll, in: Rhythmen und Reime, 1995)

Regenwurm Klaus (Fingerspiel)

– Ein 20 cm langes Stück Schnur als Wurm für jedes Kind.
Jeder bildet mit seiner linken Hand eine Faust und stopft den Regenwurm (Schnur) hinein. Ein kleines Stück schaut oben heraus. Das ist der Kopf vom Regenwurm Klaus. Wir sprechen und bewegen uns gemeinsam –

In einem dunklen Erdenhügel – wohnt ein Tier, ganz ohne Flügel.

– die Faust zeigen –

Langsam kriecht er dort heraus, der Regenwurm mit Namen Klaus.

– Faden aus der Hand ziehen –

Schiebt sich zuerst den Arm hinauf, ganz langsam und mit viel Geschnauf.

– langsam den Faden am Arm hochziehen –

Kriecht weiter auf den Kopf ganz munter – und am anderen Arm herunter.

– Faden über den Kopf ziehen, mit anderer Hand Faden auf Arm herunterziehen –

Auf den Bauch kriecht dieser Wicht, und plötzlich sitzt er im Gesicht.

– Faden über den Bauch nach oben bis ins Gesicht ziehen –

Wie das kitzelt, ich muss niesen, da landet Klaus vor meinen Füßen.

– laut niesen und den Faden vor die Füße fallen lassen –

Ich heb' ihn auf und steck' ihn fein schnell in das Erdloch wieder rein.

– Faden aufheben und zurück in die Faust stecken –

(Lacis, 2011)

Igel im Blätterhaus (Figurenspiel, z. B. mit Holz- oder Filzigel unter einem Laubhaufen)

Psst!
Hör doch mal! – Was ist denn das?
Unter den Blättern bewegt sich was.
Tipptapp, tipptapp, rischel-raschel.
Tipptapp, tipptapp, rischel-raschel.
Da!
Spitze Stacheln schaun heraus,
aus dem kleinen Blätterhaus.
Ein Igel hat sich drin versteckt,
und wir haben ihn entdeckt.
Tipptapp, tipptapp, rischel-raschel.
Tipptapp, tipptapp, rischel-raschel.
Doch auf einmal ist es still.
Warum?
Weil der Igel schlafen will!

(überliefert)

Igelmutter (Fingerspiel)

Fünf Kinder hat die Igelmutter, *– fünf Finger hochhalten –*

die trippeln, trappeln durch das Gras. *– mit Fingern auf Bein oder Boden hin und her laufen –*

Die Mutter sagt: „Bald geht ein kalter Winterwind, – *kräftig pusten* –

jetzt frisst sich satt ein jedes Kind. – *beide Hände deuten einen dicken Bauch an* –

Wir bauen uns ein Winternest, – *Hände aneinanderlegen wie ein Nest* –

darin schlafen wir ganz tief und fest. – *Hände an eine Wange legen und Augen schließen* –

Doch wenn die Sonne wieder am Himmel steht, – *beide Arme deuten eine Sonne an* –

und zart der Frühlingswind wieder weht, – *pusten, diesmal ganz leicht* –

dann kriechen alle Igel aus ihrem Winterhaus

froh in die Welt hinaus. – *die Finger einer Hand laufen hin und her* –

(überliefert)

Fische (Finger- oder Bewegungsspiel nach der Melodie von „Alle meine Entchen“)

Viele große Fische schwimmen
in dem Meer,

schwimmen in dem Meer,
schwimmen auf und nieder,
mögen das so sehr.

Viele große Fische schwimmen
in dem Meer,

schwimmen in dem Meer,
schwimmen auf und nieder und
mal kreuz und quer.

Viele große Fische schwimmen in dem Meer,

schwimmen in dem Meer, schwimmen auf und nieder, man sieht sie nun nicht mehr.

(Wilmes-Mielenhausen, 2007)

Blume (Fingerspiel)

Die Blume im Garten, wen mag sie erwarten?

Das Käferkind, das Käferkind, schi-scha-schaukelt, im Wind, das Käferkind.

– rechte Hand krabbelt am linken Unterarm hoch, bei „Schi-scha-schaukelt“ mit beiden Hände eine Schale formen und wiegen –

Den Schmetterling, den Schmetterling, schi-scha-schaukelt, im Wind, den Schmetterling.

– rechte Hand macht Flatterbewegungen durch die Luft –

Das Bienenkind, das Bienenkind, schi-scha-schaukelt, im Wind, das Bienenkind.

– mit einem Summen lässt sich die Spitze des Zeigefingers auf der linken Hand nieder, nach dem Schaukeln sssssssummt die Biene davon –

Doch bleibt die Blume nun allein? – Oh nein!

Es kommt zu ihr der Sonnenschein, der helle warme Sonnenschein.

– mit der rechten gespreizten Hand die Sonne über der linken Handblüte halten –

Und geht die Sonne gar zur Ruh, schließt sie ihre Blüte zu.

– Handblüte schließen –

(überliefert)

5 Sprache im Naturerleben

„Eine bewegungsorientierte Sprachbildung sollte eine anregende, zur Aktivität und zum Handeln auffordernde Umgebung schaffen, in der das Kind Körper und Bewegung, Sprache und Stimme gleichermaßen lustvoll einsetzen kann."

(Zimmer, 2019, S. 18)

Natur ist eine optimale Umgebung für Lernprozesse, gerade auch für den Spracherwerb.

* Das freilassende Spielmaterial erfordert Fantasie sowie viel Kommunikation.
* Im Spiel draußen sind die Kinder hoch motiviert, sich zu bewegen.
* Spannende gemeinsame Erlebnisse und die sich ständig verändernden Naturphänomene sind voller Sprachanlässe.
* In der Natur finden Kinder die notwendige Ruhe und Konzentration.

5.1 Fantasie und Kommunikation

In der Natur gibt es freilassendes, nicht auf einen bestimmten Gebrauch hin vorgefertigtes Spielmaterial. Dieses erfordert Fantasie und Kreativität, die einen wesentlichen Teil unserer Intelligenz ausmachen. Zudem brauchen Kinder im fantasievollen Spielen eine hohe Konzentration und Aufmerksamkeit, was die Lernprozesse des Gehirns unterstützt.

Kinder nutzen draußen ständig ihre Vorstellungskraft, damit aus dem Stock wirklich eine Säge wird, aus dem Rindenstück ein Schiffchen, aus dem Baumstamm ein Flugzeug und aus Fichtennadeln eine leckere Suppe. So gehen sie aktiv mit Wortbedeutungen um, still in Gedanken oder hörbar.

Im gemeinsamen Spiel legen sich Kinder sprachlich immer wieder neu fest: Erde und Wasser im hohlen Baumstumpf können Spaghetti mit Tomatensoße oder auch Fingerfarbe sein. Der Zapfen am Seil ist mal Angel, mal Hund. Und ein Stock ist mal Bohrer, mal Rührlöffel, mal Trommelschlägel. Das regt zu lebhafter Kommunikation an, vor allem ab dem Ende des 2. Lebensjahres, wenn die Kinder mit Fantasiespielen beginnen, die dann im 3. Lebensjahr zu Rollenspielen werden.

5.2 Zusammenhang von Bewegung und Spracherwerb

Mit hoher Konzentration und erstaunlicher Ausdauer vollziehen kleine Kinder vielfältige Bewegungen: Sie können stundenlang an einer Pfütze spielen, ins Wasser springen und mit Stöckchen im Matsch stochern, Blätter und Steine hineinwerfen, ins Wasser springen und vor den Spritzern davonlaufen ...

Die Bewegung in der Natur regt die Durchblutung des ganzen Körpers an. Durch eine intensivere Atmungsaktivität erhöht sich die Sauerstoffzufuhr im Gehirn und die Lernzentren werden aktiviert, auch das Sprachgedächtnis.

Kinder erweitern im Laufen ihr Atemvolumen und trainieren ihr Zwerchfell. Das ist wichtig für einen gezielten Atemstrom, z. B. für die Zischlaute Sch, S und Z.

Hüpfen und Stampfen lockern die Sprechwerkzeuge und erleichtern das Öffnen des Mundes. Das führt zu einer deutlicheren Aussprache. Zudem ist für die Gaumenlaute G und K eine Abstoßkraft nötig, die durch hüpfende Bewegungen geübt wird.

Die meisten Kinder mit Sprachstörungen weisen auch Störungen der Grob- und Feinmotorik auf, weil Bewegungs- und Sprachkompetenz zusammenhängen. In Sprechtherapien wird aus diesem Grund mit Bewegungsspielen gearbeitet.

Die Umgebung draußen hat einen sehr hohen Aufforderungscharakter zur Bewegung: Die Kinder steigen Hänge hinauf und rennen, rutschen oder rollen hinunter. Sie tasten sich durch Büsche und klettern über Baumstämme, die den Weg versperren. Sie hocken sich vor eine Schnecke hin, um sie genau zu betrachten. Für den Bau eines Waldsofas sammeln und tragen sie Äste zusammen. Hüpfend ahmen sie unwillkürlich einen Frosch nach, rennen über unebene Wurzelwege einem Schmetterling hinterher. Eine bewegte Umgebung fordert selbst zur Bewegung auf.

Dies gilt auch für scheue und introvertierte Kinder genauso wie für medien- und programmgewöhnte Kinder. Sie brauchen draußen keine Druckmittel wie Belohnungen und Ermahnungen. Sie bewegen sich aus eigener Initiative und mit Freude – ein Wundermittel für effektives Lernen.

Auch für die ganz Kleinen im ersten Lebensjahr bieten sich vielseitige Bewegungsmöglichkeiten: Sie stochern mit Stöckchen im Boden, stopfen Erde in einen hohlen Baumstumpf, trommeln mit Stöcken. An einem liegenden Baumstamm üben sie aufzustehen und zu laufen, robben oder krabbeln über Moos und an kleinen Hängen.

Dazu kommen die Bewegungen der Hände als Unterstützung der Sprachentwicklung. Denn das Sprachzentrum im Gehirn ist mit der Gehirnregion für Fingerbewegungen verknüpft. Gerade kleine Kinder erforschen ihre Umwelt vorwiegend mit den Fingern, sie greifen nach den Dingen, um sie zu *be*-greifen.

Im Spiel gebrauchen die Kinder ihre Hände in differenzierter Weise: Sie klopfen Sandsteine zu Mehl, stapeln Rindenstücke, picken Fichtennadeln auf und stecken sie in winzige Löcher eines Baumstumpfs, pulen Birkenrinde ab, zerrupfen Blätter oder Zapfen, halten einen Frosch in der hohlen Hand.

Bewegung hilft Kindern auch deshalb beim Lernen, weil sie wacher und aufmerksamer sind und das körpereigene, hormonelle Belohnungssystem aktiver ist. Dies hat günstige Auswirkungen auf das Wohlbefinden und steigert die Leistungsfähigkeit.

Ein Kind, das sich viel bewegt hat, entwickelt dann auch wieder das Bedürfnis nach Ruhe. In Ruhephasen verankern Kinder das Erlernte im Gedächtnis.

„Dass Bewegung auch den Geist beflügelt, zeigen inzwischen Dutzende wissenschaftlicher Studien. So lernen Kinder auch in der Schule erfolgreicher, wenn dort viel Sport getrieben wird. Hirnforscher vermuten, dass das an dem bei körperlicher Anstrengung im Gehirn ausgeschütteten Dopamin liegt – es hilft bei der Verankerung von Lernerfahrungen und lässt Selbstvertrauen ansteigen.“

(Renz-Polster/Hüther, 2013, S. 81)

5.3 Sprachanlässe durch intensive Erlebnisse

Neben der Bewegungsvielfalt sind intensive Sinneseindrücke und Emotionen Türöffner für Lernprozesse. Ganz klar, denn unser Gehirn ist darauf angewiesen, die wichtigen Lebenserfahrungen und Erkenntnisse zu speichern – eine uralte Überlebensmethode.

Zu den Sprachanlässen gehören aufregende Erlebnisse wie Sturm, ein reißender Bach, Eisflächen, eine Kreuzotter, Froschbabys oder die orangenen Früchte des Aronstabes. Die Kinder erleben uns Erwachsene als Sprachvorbilder mit authentischen Reaktionen:

„Schau, wie die Bäume sich wiegen und biegen!"

„Oh, die Schlange schlängelt sich davon! – Jetzt ist sie unter dem Busch versteckt."

„Der Bach ist so laut und wild! – Heute bleiben wir am Ufer stehen."

„Auf der Pfütze ist Eis – hui, da rutschen wir!"

„Diese Beeren sind giftig und machen schlimmes Bauchweh – da lassen wir die Hände weg!"

Gebannt schauen Kindern verschiedenen Tieren zu und lernen differenzierte Ausdrücke für die Bewegungsarten: Die Schnecke kriecht und der Käfer krabbelt, Frösche hüpfen und Rehe springen, Vögel fliegen und Schmetterlinge flattern. Ebenso Geräusche: Ein Vogel zwitschert, singt oder pfeift, Insekten summen, surren, zirpen.

Es gibt eine riesige Farbenvielfalt in der Natur, zum Beispiel unzählige Grünvarianten, die von den Dreijährigen mit eigenen Ausdrücken belegt werden, z. B. sonnengrün, salatgrün, froschgrün, buntgrün, nassgrün. Bäume und ihre Früchte haben unterschiedliche Namen, ebenso die Blumen und Kräuter, jedes Krabbeltier heißt anders ... Täglich hören und sagen die Kinder neue Wörter, um zu benennen, was sie in der lebendigen Umgebung entdecken.

Wie schön ist es zu erleben, wenn ein Kind im Laufe seiner Entwicklung das an der Kleidung haftende Kraut benennt: Zuerst zeigt es staunend mit dem Finger darauf und ruft: „Da!" Als nächsten Schritt gibt es ihm einen Namen: „Dädde", der sich dann verändert zu „Klette" und „Klebkraut", und als Dreijähriges kennt es die botanische Bezeichnung „Klettenlabkraut".

In der Natur gibt es spannende Veränderungen durch die verschiedenen Jahreszeiten, Wetterbedingungen und Wachstumsprozesse, die sprachlich ausgedrückt werden. Zum Beispiel fühlt sich nasses Moos ganz anders an als trockenes, viele Blüten öffnen sich nur bei Helligkeit und schließen sich bei bewölktem Himmel und in der Sonne tropfen die Eiszapfen.

Auch Ortsbeschreibungen werden durch intensives Erleben differenzierter: auf, unter, neben, vor, hinter oder an dem Baum oder zwischen den Bäumen – überall gibt es etwas Spannendes zu sehen und weiterzuerzählen.

Manche Themen verunsichern uns im Zusammensein mit kleinen Kindern, zum Beispiel Sterben, Krankheit oder Fortpflanzung. In der Natur entdecken die Kinder kranke und abgestorbene Pflanzen, auch tote Tiere oder sie sehen die Paarung von Käfern. Solche Erfahrungen können wir nutzen, um zu beschreiben, was wir sehen, Gefühle zu benennen und werteorientiert zu handeln: Wir benennen die Pilzerkrankung eines Baumes, erklären, dass tote Pflanzen zu Erde werden und dann andere ernähren. Wir begraben tote Tiere mit einem kleinen Ritual oder benachrichtigen den Förster. Zur Hochzeitsfeier von Insekten singen wir ein Lied. So lernen Kinder auch die Sprache für verschiedene Emotionen wie Trauer, Schmerz oder Mitfreude und erfahren den Wert des Gesprächs im natürlich erlebten, echten Kontext.

5.4 Bedeutung von Ruhe im Spracherwerb

Eine Bedingung für das Erlernen von Sprache ist das genaue Hören. Neben dem gesunden Hörorgan des Kindes ist dafür eine ruhige Umgebung wichtig. In Räumen mit Sprachgewirr und Nachhalleffekten können kleine Kinder schlecht hören und die Worte gehen oft in der Geräuschflut unter. Auch ist die Konzentration geringer, die Kinder schalten innerlich oft ab.

Lärm verhindert nachgewiesenermaßen das Behalten von Sprachinhalten im Kurzzeitgedächtnis.

In der Natur finden Kinder eine ruhige und konzentrierte Atmosphäre. Die natürlichen Hintergrundgeräusche draußen haben eher eine meditative Qualität. Ein entspannter Raum erleichtert dem Kind die Einordnung und Verarbeitung seiner Wahrnehmungen und der sprachlichen Äußerungen.

Die Auswertung vergleichender Studien mit Erstklässlern zeigt Vorteile von Waldkindergärten für die Sprachentwicklung:

„Im Bereich Sozialverhalten und Empathie gibt es eine stärkere ‚Anregung von Kooperation, Kommunikation und Interaktion (Förderung Sprachfähigkeit)'.
Im Bereich Kognition und Konzentration eine stärkere ‚Förderung von Interesse und Wissen über Tiere und Pflanzen, Verbesserung der Aufmerksamkeit und Konzentrationsfähigkeit, Anregung der Lernmotivation'."

(Späker, 2017, S. 101)

6 Leben in und mit der Natur

6.1 Sicherheit

6.1.1 Schutz vor Gefahren in der Natur

ACHTSAME PRAXIS

Wichtig:
- **Händewaschen vor dem Essen!**
- **Nottelefonliste, auch Nummer der Giftnotzentrale mitnehmen!**
- **Anfahrtsbeschreibung für Rettungsfahrzeuge bereithalten!**
- **Giftpflanzenbuch im Rucksack!**
- **Eingenommene Pflanzenteile genau anschauen, evtl. aufbewahren zur Bestimmung**
- **Rechtliche Aufsichtspflichten mit Eltern und Jugendamt klären, evtl. Haftungsverzichterklärung mit Waldbesitzer besprechen**

Kälte und Nässe
* Wettergemäße Kleidung, auch Schuhe und Ersatzkleidung
* Fettcreme für das Gesicht
* Sitzunterlage
* Windgeschützte Plätze – Wind kühlt sehr aus!
* Viel Bewegung
* Bei Starkregen: Regenplane aufspannen oder in Bauwagen, Hütte ... Schutz suchen

Sonne
* Kopfbedeckung, möglichst mit Ohren- und Nackenschutz
* Kleidung mit langen Ärmeln und Hosenbeinen
* Sonnenschutzcreme
* Schattenplätze

Ozon
* Bei hohen Ozonwerten vormittags rausgehen und wenig anstrengen

Sturm oder Schneebruch – Wettervorhersagen und Auskunft des Försters beachten!
* Bäume meiden wegen Gefahr von umstürzenden Bäumen und abbrechenden Ästen
* Auch nach einem Sturm bleibt diese Gefahr eine Zeit lang bestehen.

Gewitter – Vorboten sind dunkle Wolken in Form eines Trichters oder Ambosses.

* Erhebungen (z.B. einzelne Bäume, Felsen), Waldränder, Gewässer und Ufer meiden
* Im Notfall auf den Boden kauern
* Entfernung des Gewitters messen: Zeitabstand von Blitz und Donner in Sekunden zählen, diese Zahl mit 340 multiplizieren (Donner legt 340 m in der Sekunde zurück)

Gewässer

* Kleine Kinder genau beobachten – sie können auch in niedrigen Gewässern Panik bekommen oder erstarren und ertrinken.
* Über 40 cm tiefe Gewässer und stark bewegte Gewässer meiden
* Auf trittsichere Ufer achten
* Eisflächen mit Vorsicht betreten, bei Gefahr auf den Bauch legen und ans Ufer rutschen
* Für durchnässte Kinder eine Wärmedecke oder Goldfolie mitnehmen

Steinbrüche und steile Abhänge – Gefahr von Steinschlag und Erdrutsch

* Nicht klettern, nicht rutschen, keine Steine sammeln ...

Holzpolter und Jagdhochsitze – Beides ist zu gefährlich zum Klettern!

* Die gestapelten Holzstämme sind meistens glatt und sie können leicht verrutschen.
* Hochsitze sind nicht kindersicher gebaut; in vielen Ländern ist das Betreten verboten.

Forstarbeiten und Jagdaktivitäten – Termine bei Förster und Jagdvereinen erfragen

* Respektieren von Warnschildern und Absperrungen
* Bei hörbaren Fäll- und Sägearbeiten fernbleiben

Tollwut – Förster nach Tollwutgebieten fragen

* Zutrauliche Wildtiere auf jeden Fall meiden, ebenso tote Großtiere
* Impfköder nicht anfassen

Zecken – Gefahr von Hirnhaut- oder Gehirnentzündung und von Borreliose

* Kleidung in hellen Farben und mit langen Ärmeln und Hosenbeinen tragen sowie geschlossene Schuhe
* Strümpfe über Hosenabschluss ziehen
* Altersgerechtes Antiinsektenspray mit einem Wirkstoff gegen Zecken benutzen, denn manche ätherischen Öle werden von Zecken gemieden
* Zeckenorte wie Wildwechselpfade, Schlaf- und Futterplätze von Wildtieren meiden
* Plätze mit Waldameisen sowie Weiden für Ziegen, Schafe oder Kühe weisen weniger Zecken auf (Forschung der Ba-Wü-Stiftung, in: Draußenkinder 1/2015).
* Kinder täglich absuchen – vor allem an warmen, dunklen Körperstellen
* Zecke mit Pinzette oder Zeckenzange fassen und ruckartig rausziehen (ohne zu drehen, zu quetschen oder einzuölen), evtl. in Dose mitnehmen für Laboruntersuchung; Bissstelle mit Kuli markieren – oder Eltern bzw. Arzt aufsuchen

Fuchsbandwurm – Gefahr von schwerer Leberschädigung durch Aufnahme von Fuchskot

* Vor dem Essen immer Hände waschen
* Wildfrüchte und -kräuter vor dem Verzehr kochen
* Auf den Boden heruntergefallene Speisen entsorgen
* Füchse legen ihre Losung oft auf Baumstümpfe, Erdhügel u. Ä. – als Essplatz meiden!

Raupen der Eichenprozessionsspinner – giftige Brennhaare können Juckreiz, Hautentzündungen, Asthma u. a. auslösen, Förster nach Befall fragen

* Eichen mit weißgrauen oder braunen Nestern und kahlgefressenen Ästen meiden
* Bei Kontakt ärztliche Behandlung notwendig

Wespen, Bienen, Hornissen

* Nester in Bodenöffnungen, Baumstümpfen u. Ä. meiden
* Im Sommer süße Nahrung und Getränke meiden
* Allergien mit Eltern abklären und Notfall-Medikamente bereithalten

6.1.2 Beispiele giftiger Hölzer – ungeeignet für Werkstätten!

Die unterstrichenen Hölzer sind stark giftig!

Eibe – tannenähnlicher Nadelbaum mit roten Beeren – **stark giftig**

Faulbaum – großer Busch, rote, dann schwarze Beeren

Robinie – Baum mit gefiederten Blättern und weißen Traubenblüten

Schneeball – Strauch mit weißen Blütendolden und roten und schwarzen Beeren

Thuja/Lebensbaum – mit schuppigen Nadeln und runden kleinen Zapfen

6.1.3 Beispiele weiterer giftiger Pflanzen

Akelei – verbreitete Gartenblume mit weißen, rosa oder lila Blüten

Aronstab – Kraut, Blätter ähneln Bärlauch und Maiglöckchen, rote Beeren am Stab

Bärenklau/Herkulesstaude – hohes Kraut mit weißer Doldenblüte, giftiger Stängelsaft

Bilsenkraut – Kraut mit weißen Blüten – **stark giftig**

Buchs – beliebter immergrüner Gartenstrauch

Efeu – immergrüne Kletterpflanze, vor allem Beeren giftig

Eisenhut – Blume mit blauen oder gelben Blüten an langem Stängel – **stark giftig**

Fingerhut – Blume mit rosa-roten Fingerhutblüten an hohem Stängel – **stark giftig**

Goldregen – gelb blühender Gartenstrauch, vor allem Samenschoten giftig

Hahnenfuß („Butterblume") – Wiesenblume mit beliebter gelber Blüte

Herbstzeitlose – Wiesenblume mit krokusähnlichen Blüten – **stark giftig**

Kirschlorbeer – Parkstrauch mit glänzenden, dunkelgrünen Blättern

Liguster – häufiger Heckenstrauch mit weißen Blüten, dann schwarzen Beeren

Maiglöckchen – Blume mit weißer, wohlriechender Blüte, Blätter ähneln Bärlauch

Nachtschatten (bittersüßer + schwarzer) – Kraut mit roten oder schwarzen Beeren

Pfaffenhütchen – Parkstrauch mit roten Früchten

Schierling (gefleckter und Wasser-S.) – Kraut mit weißer Doldenblüte – **stark giftig**

Schneebeere („Knallerbse") – Heckenstrauch mit weißen Kugelfrüchten

Seidelbast – Wildstrauch mit wohlriechenden, rosa Blüten, roten Beeren – **stark giftig**

Stechapfel – Kraut, stachliger Fruchtmantel mit Kernen – **stark giftig**

Stechpalme – Strauch mit roten, kugeligen Beeren

Tollkirsche – Kraut mit schwarzen, glänzenden Beeren – **stark giftig**

Wolfsmilch – Kraut, giftiger milchiger Saft

Zaunrübe – rankendes Kraut, rote oder schwarze Beeren

6.1.4 Regeln für das Spielen in der Natur

Schutz der Kinder:

* Alle bleiben in der Gruppe zusammen in Hörweite bzw. im abgesprochenen Gebiet.
* Wir befolgen die „Stopp!"-Regel.
* Essbares in der Natur schauen wir nur an. Wenn wir etwas essen oder trinken wollen, fragen wir einen Erwachsenen und bereiten es gemeinsam zu.
* Von großen Wildtieren, Tier-Ausscheidungen und toten Tieren lassen wir die Finger weg. Tote Tiere dürfen nur von Erwachsenen mit Handschutz angefasst werden.
* Vor dem Essen waschen wir uns gründlich die Hände.
* Wenn ein Hund, ein Fahrrad oder Auto kommt, gehen wir an den Wegesrand und bleiben stehen.
* Verletzte, frierende oder kranke Kinder gehen zu einem Erwachsenen.
* Wir tragen wetterangepasste Kleidung und bequeme Laufschuhe.

Schutz der Natur:

* Pflanzen und Tieren begegnen wir mit Respekt und sammeln und spielen vorsichtig. Wurzeln bleiben in der Erde.
* Gefangene Kleintiere setzen wir an der Stelle wieder ab, wo wir sie gefunden haben.
* Tierbauten bleiben unberührt: Spinnennetze, Vogelnester, Ameisenhaufen, Fuchs- und Dachsbauten, Schmetterlingspuppen.
* Unseren Abfall nehmen wir mit zur Mülltonne.

6.1.5 Faszination Feuer

Feuer gehört zu den Urelementen der Natur und Kultur und ist ein wesentlicher Bereich naturpädagogischer Bildung. Es ist notwendig für Wärme, Licht und Nahrungszubereitung. Bei Festen und Ritualen dient es der feierlichen Stimmung und Gemeinschaft. Aber es kann auch gefährlich und zerstörerisch sein. Das Erlernen eines verantwortungsvollen Umgangs mit Feuer ist für Kinder eine wichtige Sicherheitsmaßnahme.

„Wenn schon den Kleinen ein sicherer Umgang, aber auch Respekt vor dem Feuer vermittelt wird, ist viel gewonnen. Der Reiz des Verbotenen verschwindet, und im Fall eines Falles verhält sich das Kind verantwortungsvoll und umsichtig. Alle Erkenntnisse belegen, dass bereits mit Kindern im Vorschulalter der richtige und ungefährliche Umgang mit Streichholz, Feuerzeug und Kerze geübt werden sollte, bis sie das Feuer sicher und geübt handhaben.“

(Unfallkasse Berlin, 2013, S. 5)

Regeln für den Umgang mit Feuer

* Die Anwesenheit eines Erwachsenen ist Voraussetzung.
* Die Feuerstelle ist deutlich sichtbar abgesichert – egal, ob Kerze, Grillfeuer oder Lagerfeuer, z. B. durch einen stabilen Kerzenständer, durch Steineinfassung, Sandgrube oder Feuerschale.

* Wasser, eine Feuerlöschdecke oder Sand stehen als Löschwerkzeuge bereit.
* Wind und Luftzug sind zu vermeiden.
* Lange Haare werden zurückgebunden, weite Ärmel hochgekrempelt. Baumwollkleidung ist weniger gefährlich als Kunststofffasern.
* Das Feuer wird so lange gelöscht, bis weder Glut noch Rauch zu sehen sind.
* Ein Feuer wird mit dem Förster oder Grundbesitzer abgesprochen.
* Die Rufnummer der Feuerwehr steht auf der Nottelefonliste.

Zum Anzünden eines Feuers draußen brauchen wir leicht brennbares, trockenes Zündmaterial wie Fichtenzapfen, Karden-Fruchtstände, locker zusammengeknülltes Papier. Darauf schichten wir dünnes Holz (Reisig) zu einer Pyramide. Wenn das Feuer brennt, legen wir dickere Holzstücke darauf. Wichtig sind Zwischenräume und Luftzufuhr. Feuchtes Holz erzeugt viel Rauch.

Auch Zwei- und Dreijährige können das Anzünden einer Flamme im geschützten Rahmen üben, beschrieben in dem Artikel „Feuer für die Flamme. Selbstständig Kerzen anzünden" (V. Zürcher, 2013).

6.2 Praktische Tipps für Kleidung, Ernährung, Rucksackinhalt, Hygiene

6.2.1 Kleidung für draußen

* Zwiebelschalen-Prinzip mit vielen Schichten, damit die Kinder sich wechselnden Temperaturen anpassen können. Außerdem speichert das Luftpolster zwischen den Kleidungsschichten die Körperwärme.
* Warm – im Wald ist es immer kühler als in der Stadt und im Garten.
* Unempfindlich – am besten Matschhose, denn die Kinder rutschen, krabbeln ...
* Natürliche Materialien wie Baumwolle, Wolle, Seide: Kinder schwitzen, Synthetik staut Wärme und Feuchtigkeit.

* Gute, feste Wander- bzw. Laufschuhe (keine Sandalen wegen Zecken, Dornen usw.)
* Regenkleidung: Jacke mit Kapuze, Matschhose und Gummistiefel
* Ersatzkleidung, bes. Strümpfe, bereithalten!
* Hosen oder Jacken mit Taschen für die Fundstücke der Kinder

Bei Winterwetter:

* Festsitzende Mütze: Schlauchschal oder „Räubermütze" wärmen Hals, Ohren und Kopf.
* Wasserunempfindliche Handschuhe – Fäustlinge halten wärmer als Fingerhandschuhe.
* Stiefel mit Profilsohle aus Leder, Gore-Tex o. Ä. – Gummistiefel sind zu kalt.
* Dicke Wollstrümpfe und evtl. Einlegesohle – also: 1–2 Schuhnummern zu groß!
* Schneeanzug oder Thermohose mit Winterjacke – evtl. große Matschhose drüber!
* Wollpullover und Wolle-/seidene Unterhemden und -Leggings
* Der Puls am Handgelenk sollte eng umschlossen sein, evtl. mit Pulswärmern.

Bei Sonne schützen wir die Kinder mit Hut und Creme; auch bei Kälte ist Creme wichtig.

Kleidung mit langen Armen und Hosenbeinen schützt vor Zecken und auf heller Kleidung werden diese besser erkannt.

Noch ein Wort zur Wolle: Schafswolle kann Wärme und Feuchtigkeit regulieren. Daher tragen sowohl Menschen in der Wüste als auch Fischer auf dem eiskalten Nordmeer Wolle.

6.2.2 Gesunde Ernährung

* Kinder sollten fünf Kinderhände voll Obst und Gemüse am Tag essen.
* Ballaststoffe sind wesentlich für unsere Gesundheit. Sie sind vor allem in Vollkornprodukten und Pflanzenfasern enthalten. Ballaststoffe erhöhen den Speichelfluss, was der Vorverdauung dient und die Zähne von Säuren reinigt. Sie binden Wasser und erzeugen so ein gutes Sättigungsgefühl. Sie beschäftigen die Verdauungsorgane lange genug, damit die Stärke langsam ins Blut kommt und so der Blutzuckerspiegel langsam und nachhaltig erhöht wird (kein „Kaffeeeffekt" wie bei weißem Zucker und Weißmehl). Die Darmzotten werden gereinigt, sekundäre Gallenstoffe (krebsverdächtig) werden besser gebunden und durch eine verstärkte Darmtätigkeit auch Fäulnisbakterien weggeräumt.
* Kinder sollten möglichst wenig weißen Zucker und Weißmehl zu sich nehmen. Diese sind Kalziumräuber und stören deshalb das gesunde Wachstum der Knochen und Zähne. Außerdem erhöhen sie sehr schnell den Blutzuckerspiegel, was die Kinder zwar erst einmal fit macht und warm hält (Kaffeeeffekt); doch genauso schnell sinkt der Blutzuckerspiegel und damit die Energie auch wieder. Für den gesunden Wärme- und Energiehaushalt ist ein langsam steigender und lange anhaltender Blutzuckerspiegel besser, gerade auch draußen in der Natur. Dies erreichen wir mit Vollkornprodukten, Obst, Gemüse, Trockenfrüchten und Nüssen.
* Die wertvollsten Fette sind die einfach ungesättigten Fettsäuren (Oliven- und Rapsöl). (Gesättigte Fettsäuren sind in festen Fetten wie Tierfett, Kokos- und Palmfetten enthalten und wirken sich in großen Mengen negativ auf die Blutfettwerte aus. Die mehrfach ungesättigten Fette sind leicht angreifbar und freie Radikale kön-

nen entstehen; „gehärtetes Pflanzenfett" wie in Chips, Backwerk, Schokoaufstrich, Margarine usw. ist industriell hergestellt.) Wertvolle Omega-3-Fettsäuren gibt es in Raps- und Leinöl, Fisch, Algen, grünen Blättern, Spinat, Mangold und Grünkohl.

6.2.3 Rucksackinhalt

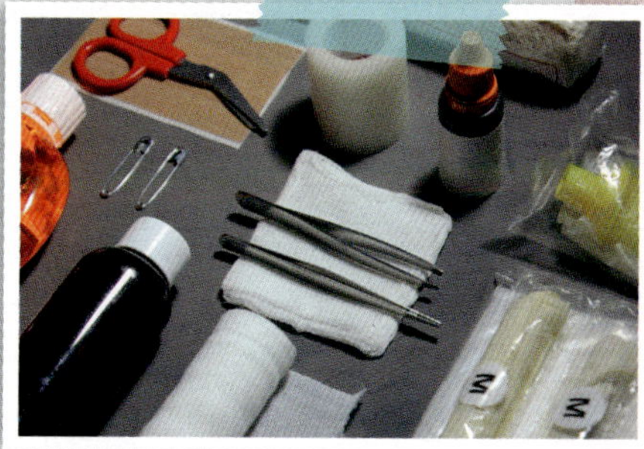

* Erste-Hilfe-Set mit Pflaster, Zeckenzange, Verband, Einmalhandschuhen, Desinfektionsmittel, Kühlpacks, Gold-Wärmedecke. Die schriftliche Genehmigung der Eltern ist erforderlich bei Medikamentengaben, Zeckenentfernung u. Ä.
* Handy- und Notrufnummern: Notarzt, Giftnotzentrale, Feuerwehr, Förster, Eltern
* Anfahrtsbeschreibung für Notfälle
* Papiertaschentücher, kleine Handtücher, Toilettenpapier
* Müllbeutel (auch für Müll unterwegs)
* Schaufel
* Wickelsachen
* Wasser und evtl. Lavaerde als Seifenersatz
* Ersatzkleidung, vor allem Strümpfe
* Taschenmesser, Werkzeug, Seile
* Regenplane, evtl. Moskitonetz
* Sitzunterlage
* Triangel oder Glöckchen

6.2.4 Hygiene

* Das Gelände wird in regelmäßigen Abständen abgesucht nach Müll, vor allem nach Zigarettenresten und Glasscherben und nach Tierausscheidungen.
* Für die Toilette im Freien gibt es gekennzeichnete „Piselplätze" und für das „große Geschäft" wird etwas abseits ein Loch in die Erde gegra-

ben und anschließend wieder verschlossen. Dafür gibt es auch tragbare Toilettenstühle zum Sitzen.

* Danach werden immer die Hände gewaschen mit einem Wasserkanister oder Wassersack und mit Lavaerde als natürlichem Seifenersatz. Jedes Kind sollte sein eigenes kleines Handtuch zum Abtrocknen benutzen.
* Wickeln kann man im Sommer im Liegen an einem geschützten Platz auf einer Unterlage. Im Winter empfiehlt sich das Wickeln im Stehen. Die volle Windel nehmen wir in einem Müllbeutel mit zum Entsorgen. Für jedes Kind sollte Wechselwäsche vorhanden sein (evtl. im Rucksack des Kindes oder im Schutzraum).
* Vor jedem Essen werden die Hände gründlich gewaschen.
* Heruntergefallenes Essen wird entsorgt, damit es keine Tiere wie Mäuse, Ratten, Wespen usw. anzieht.

7 Fachliteratur

Naturpädagogische Gestaltungs-Ideen

Bergmann, Ingrid: Sehen, staunen, ausprobieren in der Krippe. Naturerfahrungen, Freiburg/Basel/Wien: Herder Verlag, 2014.

Bezdek, Monika, Petra und Ursula: Spielraum Wald. Praxisideen und Spiele für Kindergruppen, München: Don Bosco Verlag, 2004.

Danks, Fiona/Schofield, Jo: Raus bei Regen, Wind und Schnee, München: AT-Verlag, 2014.

Ellersiek, Wilma: Wer schleicht heran mit leiser Tatz? Handgesten- und Bewegungsspiele mit Tiermotiven, Stuttgart: Verlag Freies Geistesleben, 2005.

Godau, Michael: Der Wald ist voller Wörter. Ganzheitliche Sprachförderung in der Natur, Mühlheim an der Ruhr: Verlag an der Ruhr, 2009.

Gründler, Elisabeth/Schäfer, Norbert: Kita-Gelände naturnah gestalten, Berlin: Cornelsen Verlag, 2011.

Hohenauer, Peter: Spielplatzgestaltung naturnah und kindgerecht, Wiesbaden, Berlin: Bauverlag, 1995.

Lacis, Elisabeth (Hrsg.): Die besten Waldspiele für Kita-Kinder, Mühlheim an der Ruhr: Verlag an der Ruhr, 2011.

Miklitz, Ingrid: Der Waldkindergarten. Weinheim/Basel: Beltz Verlag, 2005.

Bestle-Körfer, Regina u. a.: Naturspiele Hits. Münster: Ökotopia Verlag, 2011.

Österreicher, Herbert/Prokop, Edeltraud: Gärten für Kleinkinder. Weimar/Berlin: verlag das netz, 2010.

Rhythmen und Reime. Arbeitsmaterialien aus den Waldorfkindergärten, Heft 6, Stuttgart: Verlag Freies Geistesleben, 1995.

Sandhof, Kathrin/Stumpf, Birgitta: Mit Kindern in den Wald. Walderlebnis-Handbuch, Münster: Ökotopia Verlag, 2014.

Späth, Ingrid: Kita aktiv. Projektmappe Wald, Kempen: BVK, 2015.

Unfallkasse Berlin (Hrsg.): Faszination Feuer! Kinder lernen den verantwortungsvollen Umgang mit Feuer – ein Spielvorschlag, Berlin: Aktion DAS SICHERE HAUS/UKB Unfallkasse Berlin, 2013. Zu beziehen bei: das-sichere-haus.de

Wilmes-Mielenhausen, Brigitte: Sprachförderung für Kleinkinder. Ideen für Krippe, Kita und Tagesmütter, Freiburg: Herder Verlag, 2007.

Wilmes-Mielenhausen, Brigitte: Die Katze tanzt im Kreis. Alte und neue Kreisspiele für Kinder von 2–7 Jahren, Freiburg: Herder Verlag, 2011.

Wilmes-Mielenhausen, Brigitte: klecksen kneten matschen. Kreativitätsförderung in der Krippe, Freiburg: Herder Verlag, 2017.

Zürcher, Viola: Feuer für die Flamme – Selbstständig Kerzen anzünden. In: Kleinstkinder in Kita und Tagespflege. Heft 7, Freiburg: Herder Verlag, 2013, S. 32.

Zürcher, Viola: Ein Ort, an dem die Zeit langsamer läuft. In: Konzeption der Waldkinderkrippe im Rieselfeld e. V. Freiburg i.Br., 2018, S. 4, in: www.waldkinderkrippe.de/docs/docs_verein/Konzeption%20der%20Waldkinderkrippe.pdf, [12.08.2020].

Naturkunde

Bellmann, Heiko: Welches Insekt ist das? 170 Insekten einfach bestimmen, Stuttgart: Franckh-Kosmos-Verlag, 2016.

Fleischhauer, Steffen Guido/Guthmann, Jürgen/Spiegelberger, Roland: Essbare Wildpflanzen. 200 Arten bestimmen und verwenden, Baden/München: AT-Verlag, 2007.

Haag, Holger: Welcher Baum ist das? entdecken, erkennen, erleben, Stuttgart: Franckh-Kosmos Verlag, 2012.

Haag, Holger: Was fliegt denn da? entdecken, erkennen, erleben, Stuttgart: Franckh-Kosmos Verlag, 2012.

Maier Dr., Ursula: Giftpflanzen. Beschauen, nicht kauen! Hrsg: Deutsche Gesetzliche Unfallversicherung. Bestell-Nummer GUV-SI 8018, Berlin. In: https://www.unfallkasse-nrw.de/fileadmin/server/download/Regeln_und_Schriften/Informationen/202-023.pdf [07:10:2021].

Oftring, Bärbel: Was krabbelt denn da? Insekten, Spinnen, Tausendfüßler, Asseln. Stuttgart: Franckh-Kosmos Verlag, 2013.

Stichmann-Marny, Ursula: Was blüht denn da? entdecken, erkennen, erleben, Stuttgart: Franckh-Kosmos Verlag, 2012.

Wawra, Johannes/Wawra, Ursula: Wawra's Naturbuch. Entdecken, erleben, staunen und verstehen. Bd. 1: Säugetiere, Vögel, Reptilien, Amphibien, Aachen: Natur-Verlag Wawra, 2018.

Wohllebens Welt. Das Naturmagazin von GEO und Peter Wohlleben, Hamburg: Gruner + Jahr, 2019.

Zimmer, Ute E./Eisenreich, Wilhelm/Handel, Alfred: Der BLV Naturführer für unterwegs, München: Gräfe und Unzer Verlag, 2016.

Allgemeines zur Naturpädagogik

Gebhard, Ulrich: Kind und Natur. Die Bedeutung der Natur für die psychische Entwicklung, Wiesbaden: VS Verlag für Sozialwissenschaften, 2009.

Hüther, Gerald: Die Erfahrung von Natur aus der Sicht moderner Hirnforschung. In: Kinder und Natur in der Stadt. Spielraum Natur: Ein Handbuch für Kommunalpolitiker, Planer sowie Eltern und Agenda-21-Initiativen. Hrsg. Bundesamt für Naturschutz, 2008, S. 15–26, in: www.bfn.de/fileadmin/BfN/service/Dokumente/skripten/skript230.pdf, [14.06.2021].

Klöden, Hans-Werner: Naturpädagogik konkret. KiTaFachtexte, in: www.kita-fachtexte.de/fileadmin/Redaktion/Publikationen/KiTaFT_Kloeden_2018_Naturpaedagogikkonkret.pdf, [2.08.2020].

Krenz, Armin: Kinder spielen sich ins Leben – Der Zusammenhang von Spiel- und Schulfähigkeit. In: WWD 2001, Ausgabe 75, S. 8–9 unter www.kindergartenpaedagogik.de/fachartikel/freispiel-spiele/418, [12.08.2020].

Louv, Richard: Das letzte Kind im Wald. Geben wir unseren Kindern die Natur zurück! Freiburg: Herder Verlag, 2013.

Miklitz, Ingrid (Hrsg.): Draußenkinder. Fachzeitschrift für Elementarpädagogik im Naturraum, Bad Liebenzell: Elkina Verlag, 2012.

Oster, Peter: Erste Hilfe Outdoor – fit für Notfälle in freier Natur, Augsburg: Ziel Verlag, 2013.

Pikler, Emmi: Friedliche Babys – zufriedene Mütter. Pädagogische Ratschläge einer Kinderärztin, 12. Auflage, Freiburg: Herder Verlag, 2002.

Renz-Polster, Herbert/Hüther, Gerald: Wie Kinder heute wachsen. Natur als Entwicklungsraum. Ein neuer Blick auf das kindliche Lernen, Fühlen und Denken, Weinheim, Basel: Beltz, 2013.

Sandseter, Ellen: Risky Play – Risikoreiches Verhalten beim Spiel. In: Draußenkinder. Fachzeitschrift für Elementarpädagogik im Naturraum, Heft 3/2015: Elkina-Verlag, S. 26–30.

Späker, Thorsten: Natur – Entwicklung und Gesundheit. Handbuch für Naturerfahrungen in pädagogischen und therapeutischen Handlungsfeldern, Hohengehren: Schneider Verlag, 2017.

Zimmer, Renate: Bewegung als Motor des Lebens, 2019, nifbe-Themenheft Nr. 2, in: www.nifbe.de/images/nifbe/Infoservice/Downloads/Themenhefte/Bewegung_als_Motor_des_Lernens_online.pdf [1.10.2021].

8 Internetseiten: Vernetzung, Ausbildung, Literatur und Aktuelles

Deutschland: **Bundes-Arbeits-Gemeinschaft Lern-Ort Bauernhof** unter www.baglob.de

Deutschland: **Bundesverband der Wald- und Naturkindergärten in Deutschland** unter www.bvnw.de

Österreich: **Fachausschuss Waldkindergarten im Verein Waldpädagogik in Österreich** unter www.waldkindergaerten.at

Schweiz: **Feuervogel Genossenschaft für Naturpädagogik**/Naturspielgruppe Dusse Verusse: Gesamtschweizerische Organisation mit Hauptsitz in Wald/ZH unter www.dusse-verusse.ch

Bildquellenverzeichnis

Fabiola Quadflieg, Köln: 11.1, 26.1, 65.1, 85.1, 111.1, 118.1.

Fischer, Andreas, Köln: Titel, Titel, Titel, Titel, Titel, Titel.

Getty Images, München: David, Nick 25.1; EyeEm 65.2, 104.1; Frank and Helena 24.1; Hans-Joachim Kaiser / EyeEm 85.2; Isaieva, Iuliia 87.1; Jill Lehmann Photograph 27.1; Lumi Images/Elsa Dunkel 28.1; MacBride, Catherine 118.2; Sawitree Pamee / EyeEm 38.1; Schneider, Christine 12.1. iStockphoto.com, Calgary: Antagain 49.2; Antonio_Diaz 29.1; Arisara_ Tongdonnoi 80.1; ArtMarie 26.2; Baz251286 8.2; ByeByeTokyo 8.1; Choreograph 49.1; ChristinLola 32.1; Dudits 100.1; economica20 15.1; emholk 14.2, 113.1; FatCamera 34.1; fermate 102.1; fizkes 13.1; franconiaphoto 84.1; Gorlov, Kyryl 27.2; happyfoto 67.1; IgorTsarev 114.1; joshlaverty 20.1; Lisa5201 33.1; Memoru 78.1; Nkarol 39.1; Phynart Studio 61.1; pixelprof 51.1; Ringgas Sihaloho, David 90.1; RuslanDashinsky 28.2; Ryabukhina, Olga 106.1; RyanJLane 32.2; schulzie 54.1, 108.1; Serg_Velusceac 127.1; sharply_done 59.1; shaunl 52.1; Soares, Tetiana 36.1; subjob 58.1; SusanneSchulz 120.1; texcroc 115.1; to_csa 56.1; Zigic, Drazen 93.1.

Shutterstock.com, New York: Angel Dots 16.1; Arif Farooqi, Salman 116.1; FamVeld 125.1; Jacob Lund 17.1; Lotus_studio 109.1; Marchuk, Iurii 23.1; miniwide 18.1; Romrodphoto 48.1; Soares, Tatyana 111.2; sumire8 Titel; Theile, Alexandra 62.1; Tsygankova, Maria 21.1; Valdecasas 72.1. stock. adobe.com, Dublin: aemstock 35.1; Africa Studio 128.2; Alexander 30.1; Bayer, Tom 89.1; belamy 124.1; famveldman 40.1; Fotofermer 19.1; Good Studio 88.1; Hans und Christa Ede 123.1; Happypictures 98.1; Helgason, Barbara 55.1; JeanLuc 95.1; JenkoAtaman 10.1; JPS 63.1; kivitimof 58.2; LianeM 67.2; lisa Gött 82.1; LoveallArtsofPicture 46.1; Marla 70.1; Michal 48.2; Monkey Business 39.2; onffm 74.1; ONYXprj 20.2; Pétrouche 47.1; Roger 128.1; Schmidt, Angela 14.1; stefano 31.1; TheFarAwayKingdom 42.1; Tierney 121.1; Trutta 57.1; Valentyna 53.1; voisine574 71.1; Živkovic, Miljan Titel.

Visuelle Lebensfreude - Bodem + Sötebier GbR, Hannover: Titel.